Tilbedelse i ånd og sandhed

Åndelig tilbedelse

Dr. Jaerock Lee

*"Men der kommer en time, ja, den er nu,
da de sande tilbedere skal tilbede
Faderen i ånd og sandhed.
For det er sådanne tilbedere, Faderen vil have.
Gud er ånd, og de, som tilbeder ham,
skal tilbede i ånd og i sandhed".*
(Johannesevangeliet 4:23-24)

Tilbedelse i ånd og sandhed af Dr. Jaerock Lee
Udgivet af Urim Books (Repræsentant: Seongnam Vin)
73, Yeouidaebang-ro 22-gil, Dongjak-gu, Seoul, Korea
www.urimbooks.com

Alle rettigheder er reserveret. Denne bog eller dele heraf må ikke reproduceres, lagres eller transmitteres på nogen måde, hverken elektronisk, mekanisk, som kopi eller båndoptagelse uden skriftlig tilladelse fra udgiveren.

Medmindre andet bemærkes er alle citater fra Bibelen, Det Danske Bibleselskab, 1997.

Copyright © 2017 ved Dr. Jaerock Lee
ISBN: 979-11-263-0355-7   03230
Oversætteses Copyright © 2014 ved Dr. Esther K. Chung. Brugt med tilladelse.

Tidligere udgivet på koreansk af Urim Books i 2002

Første udgivelse: September, 2017

Redigeret af Dr. Geumsun Vin
Design: Redaktionsbureauet ved Urim Books
Tryk: Prione Printing
For yderligere information: urimbook@hotmail.com

Forord

Akacietræer er almindelige på Israels ødemark. Disse træer har rødder, der når flere hundrede fod ned i jorden for at nå vandet i undergrunden, sådan at de kan overleve. Ved første øjekast kan akacier kun bruges som brændsel, men de har en mere solidt og holdbar struktur end mange andre træsorter.

Gud befalede, at Pagtens Ark skulle bygges af akacietræ, dækkes af guld og placeres i det Allerhelligste. Det Allerhelligste er et indviet sted, hvor Gud er, og det er kun tilladt præsterne at gå derind. På samme måde kan et menneske, som slået rod i Guds ord, der er livet selv, ikke alene bruges som et dyrebart instrument for Gud, men også få en overflod af velsignelser.

Som der står i Jeremias' Bog 17:8: *"Han bliver som et træ, der er plantet ved bækken; det sender sine rødder mod vandløbet, det frygter ikke, når sommerheden kommer, dets blade er grønne. Det bekymrer sig ikke i tørkeår og holder ikke op med at bære frugt"*. I denne sammenhæng henviser "vandet" til Guds ord, og et menneske, som har fået denne velsignelse, vil værdsætte

Gudstjenesterne, hvor Guds ord proklameres.

Tilbedelse er en ceremoni, hvor man viser guddommen sin respekt og beundring. Sammenfattende er den kristne tilbedelse en ceremoni, hvor vi takker og ophøjer Guds med vores respekt, lovsigelse, og ærefrygt. Siden gammeltestamentlig tid har Guds søgt de mennesker, som tilbeder i ånd og sandhed, og det gør han stadig.

I Tredje Mosebog i det Gamle Testamente er tilbedelsen optegnet til mindste detalje. Nogle mennesker siger, at Tredje Mosebog ikke længere er relevant for os i dag, fordi den omhandler reglerne for at ofre til Gud på gammeltestamentlig vis. Men det er helt forkert, for betydningen af reglerne for tilbedelse i det Gamle Testamente er stadig indlejret i den måde, hvorpå vi tilbeder i dag. Ligesom på gammeltestamentlig tid er tilbedelsen nu i nytestamentlig tid vores vej til at møde Gud. Først når vi følger den åndelige betydning af de gammeltestamentlige love for ofringer, som var lydefri, kan vi tilbede Gud i ånd og sandhed her i nytestamentlig tid.

I dette værk undersøges betydningerne af de forskellige ofrer, og brændofre, afgrødeofre, fredsofre, syndofre og skyldofre udforskes hver for sig med henblik på deres betydning for os her i nytestamentlig tid. Dette vil hjælpe os med at forstå, hvordan vi skal tjene Gud. For at give læserne en bedre forståelse af lovene angående ofringer vil der i dette værk blive vist farvebilleder med panoramaer af tabernaklet, indretningen af det Hellige og det Allerhelligste, og de forskellige redskaber, der blev brugt under tilbedelsen.

Gud fortæller os: *"I skal være hellige, for jeg er hellig"* (Tredje Mosebog 11:45; Første Petersbrev 1:16), og han ønsker, at vi hver især skal forstå lovene for ofringer på gammeltestamentlig tid og for tilbedelse i nytestamentlig tid. Jeg håber, I vil undersøge, hvordan I tilbeder, og begynde at tilbede Gud på den måde, som behager ham.

Jeg beder i vor Herre Jesu Kristi navn, for at hver af læserne gennem dette værk må blive et dyrebart redskab for Gud, ligesom Salomon behagede Gud med sine tusind brændofre, og at I må få velsignelser i overflod, ligesom et træ, der er plantet ved vandet, ved at udsende en vellugt af kærlighed og taknemmelighed gennem tilbedelse af Gud i ånd og sandhed!

Februar 2010

Jaerock Lee

Indholdsfortegnelse

Tilbedelse i ånd og sandhed

Forord

Kapitel 1
Åndelig tilbedelse, som Gud tager imod   1

Kapitel 2
Gammeltestamentlige ofre optegnet i Tredje Mosebog   17

Kapitel 3
Brændofferet   43

Kapitel 4
Afgrødeofferet   67

Kapitel 5
Måltidsofferet   83

Kapitel 6
Syndofferet   95

Kapitel 7
Skyldofferet   111

Kapitel 8
Bring jeres legemer som et levende og helligt offer   123

Kapitel 1

Åndelig tilbedelse, som Gud tager imod

"Gud er ånd, og de, som tilbeder ham,
skal tilbede i ånd og sandhed".

―※―

Johannesevangeliet 4:24

1. Ofre på gammeltestamentlig tid og tilbedelse på nytestamentlig tid

Adam, som var det første menneske, der blev skabt, havde oprindelig et direkte og intimt fællesskab med Gud. Da han var blevet fristet af Satan og havde syndet, blev hans intime fællesskab med Gud ødelagt. Gud havde forberedt vejen til tilgivelse og frelse for Adam og hans efterkommere, og han havde givet dem en måde, hvorpå de kunne genoprette kommunikationen. Denne måde findes i offermetoden på gammeltestamentlig tid, som Gud har givet os i sin nåde.

Offermåden på gammeltestamentlig tid er ikke blevet udformet af mennesker. Instrukserne blev åbenbaret af Gud selv. Det ved vi fra Tredje Mosebog 1:1 og frem: *"Herren kaldte på Moses og talte til ham fra Åbenbaringsteltet. Han sagde:..."* Vi kan også udlede det fra de ofre, som Abel og Kain, Adams sønner, gav Gud (Første Mosebog 4:2-4).

Disse ofre fulgte forskellige regler med hver deres betydning. De kan klassificeres som brændofre, afgrødeofre, måltidsofre, syndofre og skyldofre, og der kunne ofres okser, lam, geder, duer eller mel alt efter syndernes alvor og omstændighederne for de mennesker, som ofrede. De præster, som forestod ofringerne, måtte udvise selvkontrol, være fornuftige i deres adfærd, klæde sig i efoder, som blev lavet særligt til dem og udføre de forberedte ofringer med yderste omhu efter de etablerede regler. Disse ofringer var ydre formaliteter, og de var komplicerede og strenge.

På gammeltestamentlig tid kunne folk kun blive forløst for

deres synder ved at foretage et syndoffer med slagtning af et dyr. Synden blev så forløst gennem dyrets blod. Men selv om dyreblodet blev ofret år efter år, kunne det ikke fuldkommen fritage menneskene fra deres synder. Disse ofre var midlertidige afsoninger, og var dermed ikke fuldkomne. Det skyldes, at menneskets fuldkomne forløsning fra synden kun er mulig ved at ofre et menneskes liv.

I Første Korintherbrev 15:21 står der: *"Fordi døden kom ved et menneske, er også de dødes opstandelse kommet ved et menneske".* Derfor kom Guds søn Jesus ind i denne verden i kød, udgød sit blod på korset og døde, selv om han var syndfri. Da Jesus på denne måde blev ofret en gang for alle (Hebræerbrevet 9:28), er der ikke længere behov for blodofre, som kræver komplekse og strenge regler.

Vi læser følgende i Hebræerbrevet 9:11-12: *"Men Jesus er kommet som ypperstepræst for de goder, som nu er blevet til. Han er gået gennem det større og mere fuldkomne telt, som ikke er gjort med hænder, det vil sige, som ikke hører denne skabte verden til; og ikke med blod af bukke og kalve, men med sit eget blod, gik han én gang for alle ind i det Allerhelligste og vandt evig forløsning".* Jesus opnåede den evige forløsning.

Gennem Jesus Kristus giver vi ikke længere Gud blodofre, men kan i stedet træde frem for ham og give ham et levende og helligt offer. Det er tilbedelsen på nytestamentlig tid. Ligesom Jesus ofrede sig for alle synder ved at lade sig fastsømme til korset og udgyde sit blod (Hebræerbrevet 10:11-12), kan vi få tilgivelse for vores synder, når vi tror af hjertets grund, at vi er blevet forløst fra synden, og tager imod Jesus Kristus. Der er ikke tale om en ceremoni, som lægger vægt på de ydre handlinger, men en manifestation af tro, som udgår fra vores hjerter. Det er et levende og helligt offer og en åndelig gudstjeneste (Romerbrevet 12:1).

Det betyder ikke, at ofringerne fra gammeltestamentlig tid er blevet afskaffet. Hvis det Gamle Testamente er en skygge, er det Nye Testamente den egentlige skikkelse. Det samme gælder for Loven, at lovene i det Gamle Testamente er blevet fuldkommengjort ved Jesus i det Nye Testamente. På nytestamentlig tid blev de rene formaliteter forandret til gudstjenester. Ligesom Gud værdsatte de lydefri og rene ofre på gammeltestamentlig tid, vil han glæde sig over de gudstjenester, der holdes i ånd og sandhed på nytestamentlig tid. De strenge formaliteter og procedurer galt ikke kun for de ydre ceremonier, men havde også en dyb, åndelig betydning. Og de virker dermed som en indikator, hvormed vi kan undersøge vores indstilling overfor tilbedelsen.

Først må den troende tage ansvar og kompensere for sine fejl overfor sin næste, sin bror eller Gud (skyldoffer). Så må vedkommende se tilbage på sit liv i den seneste uge, bekende sine synder og bede om tilgivelse (syndoffer). Og til sidst tilbede med et rent hjerte og den ypperste oprigtighed (brændoffer). Når vi behager Gud ved at ofre med største omhu i taknemmelighed for hans nåde, som har beskyttet os i løbet af den forgangne uge (afgrødeoffer), og fortæller ham om vores dybeste ønsker (måltidsoffer), vil han opfylde hjertets ønsker og give os styrke og kraft til at overvinde verden. Så betydningen af lovene fra det Gamle Testamente er indlejret i gudstjenesten på nytestamentlig tid. Disse love om ofre i det Gamle Testamente vil blive undersøgt nærmere fra kapitel 3 og frem.

2. Tilbedelse i ånd og sandhed

I Første Johannesbrev 4:23-24 fortæller Jesus os: *"Men der kommer en time, ja, den er nu, da de sande tilbedere skal tilbede Faderen i ånd og sandhed. For det er sådanne tilbedere, Faderen vil have. Gud er ånd, og de, som tilbeder ham, skal tilbede i ånd og sandhed".* Dette udsagn er en del af det, Jesus sagde til den kvinde, han mødte ved brønden i en den samaritanske by Sykar. Jesus havde startet en samtale med hende ved at bede hende om vand, og hun spurgte ham, hvor det var bedst at tilbede. Dette emne havde længe været til diskussion i befolkningen (Johannesevangeliet 4:19-20).

Jøderne havde ofret i Jerusalem, hvor templet stod, mens samaritterne ofrede på bjerget Gerisim. Det skyldtes, at Israel var delt i to under regering af Roboam, kong Salomons søn. Israel i nord byggede en helligdom for at forhindre folk i at tage til templet i Jerusalem. Da kvinden var bevidst om dette, ville hun gerne vide, hvor det var bedst at tilbede.

For israelitterne havde tilbedelsesstedet en helt særlig

betydning. Da Gud var til stede i templet, viste de det stor respekt og mente, at det var centrum i universet. Men den indstilling, hvormed man tilbeder Gud, er vigtigere end stedet for tilbedelse, og Jesus lod dermed folk vide, at forståelse af tilbedelsen måtte fornys, da han åbenbarede sig som Messias.

Hvad er det at "tilbede i ånd og sandhed"? Tilbedelse i ånden er at gøre Guds ord, som det står i Bibelens 66 bøger til brød med Helligåndens inspiration og fylde, og at tilbede af hjertets grund sammen med Helligånden, som bor i os. Tilbedelse i sandhed er at have den rette forståelse af Gud og at tilbede af hele vor krop, hjerte, vilje og oprigtighed ved at give ham taknemmelighed, bøn, gerninger og ofre med glæde.

Om Gud tager imod vores tilbedelse eller ej afhænger ikke af det ydre aspekt eller af størrelsen af vores offer, men af den grad af omhu, hvormed vi giver på baggrund af vores individuelle omstændigheder. Gud vil med glæde tage imod vores hjertes ønsker og besvare dem, når vi tilbeder ham af hjertets grund og frivilligt giver ham gaver. Men han tager ikke imod tilbedelse fra uforskammede mennesker, hvis hjerter er ubetænksomme og kun tager sig af, hvad andre mener om dem.

3. Tilbedelse som Gud tager imod

Vi, som lever i nytestamentlig tid, hvor loven er blevet opfyldt gennem Jesus Kristus, må tilbede Gud på en mere fuldkommen måde. Det skyldes, at kærligheden er det vigtigste bud, som er givet os af Jesus Kristus, der har opfyldt loven i kærlighed. Tilbedelsen er et udtryk for vores kærlighed til Gud. Nogle mennesker erklærer deres kærlighed til Gud med læberne, men på baggrund af den måde, hvorpå de tilbeder, er det til tider usikkert, om de for alvor elsker Gud af hjertets grund.

Når vi møder nogen, som er ældre end os selv eller har en højere rang, skal vi ordne vores tøj og tilrette vores indstilling og hjerte. Hvis vi giver vedkommende en gave, skal vi forberede den med stor omhu, og den skal være fejlfri. Gud er Skaberen af alt i universet og bør æres og lovprises for skabelsesværket. Hvis vi tilbeder Gud i ånd og sandhed, vil vi aldrig være uforskammede overfor ham. Vi må ransage os selv for at se, om vi har været uforskammede, og sikre os at vi deltager i gudstjenesterne med hele vores krop, hjerte, vilje og omhu.

1) Vi må ikke komme for sent til gudstjenesterne.

Gudstjenesten er en ceremoni, hvor vi anerkender den usynlige Guds åndelige magt, men vi kan først anerkende ham af hjertets grund, efter at vi har tilrettet os de regler og retningslinjer, han har etableret. Derfor er det uforskammet at komme for sent til gudstjenesten, uanset hvad grunden er.

Da gudstjenesten er et stykke tid, som vi tilegner Gud, må vi møde op før gudstjenesten begynder, hengive os til bøn, og forberede gudstjenesten af hjertet. Hvis vi skulle mødes med en konge, en præsident, eller en statsminister, ville vi helt sikkert ankomme tidligt og vente med beredte hjerter. Så hvordan kan vi komme for sent eller ankomme i sidste øjeblik, når vi skal møde Gud, som er langt større og mere majestætisk?

2) Vi må lytte til budskabet med udelt opmærksomhed.

En hyrde (dvs. en pastor) er et menneske, som er blevet kaldet af Gud; han svarer til en præst på gammeltestamentlig tid. En hyrde, som er blevet indsat til at forkynde ordet fra det hellige alter, er en vejleder, der fører fåreflokken til Himlen. Derfor anser Gud en handling, som er uforskammet eller ulydig overfor hyrden, for at være uforskammet eller ulydig overfor Guds selv.

I Anden Mosebog 16:8 ser vi, at da israelitterne beklagede sig overfor Moses og satte sig op imod ham, så var det rent faktisk modstand overfor Gud selv. I Første Samuelsbog 8:4-9 anså Gud det for et udtryk for ulydighed overfor ham selv, da folk ikke adlød profeten Samuel. Så hvis man taler med den, der sidder ved siden af, eller hvis ens sind er fuldt af tåbelige tanker, mens hyrden forkynder budskabet på vegne af Gud, så er man uforskammet overfor Gud.

Hvis man døser hen eller falder i søvn under gudstjenesten, er det også uforskammet. Hvor uhøfligt ville det ikke være, hvis en sekretær eller en minister faldt i søvn under at møde med præsidenten? På samme måde er det uforskammet overfor Gud, hyrden, brødre og søstre i troen at døse hen eller falde i søvn i kirkerummet, som er Herres legeme

Desuden er det uacceptabelt at tilbede med en ødelagt ånd. Gud vil ikke tage imod den tilbedelse, som gives uden taknemmelighed og glæde, men i stedet med sorg. Derfor må vi deltage i gudstjenesterne med forventning til budskabet, som udgår fra håbet om himlen, og med et hjerte, der er taknemmeligt over frelsens nåde og kærlighed. Det er uforskammet at ryste i eller tale til et menneske, som beder til Gud. Ligesom man ikke må afbryde en samtale mellem en kollega og en overordnet, er det uhøfligt at afbryde et andet menneskes samtale med Gud.

3) Alkohol og tobak bør ikke bruges forud for deltagelse i gudstjenesterne.

Gud vil ikke anse det for en synd, hvis en ny troende ikke er i stand til at holde op med at ryge eller drikke på grund af svag tro. Men hvis et menneske, som er blevet døbt og har en stilling i kirken, bliver ved med at ryge og drikke, er det uforskammet overfor Gud.

Selv de ikke-troende synes, at det er upassende og forkert at gå i kirke, hvis man er beruset eller lige efter at man har røget. Når et menneske indser, hvor mange problemer og synder, der kommer af at ryge og drikke, vil han være i stand til at skelne med sandheden og at opføre sig som et barn af Gud.

Rygning forårsager mange forskellige kræftformer og er skadeligt for kroppen, mens druk, som kan føre til beruselse, kan være en kilde til upassende adfærd og tale. Hvordan kan en troende, som ryger og drikker, være et eksempel på et barn af Gud, når vedkommendes adfærd kan være direkte vanærende? Så hvis man har sand tro, må man skille sig af med sådanne vaner. Selv om man er ny i troen, er det passende i Guds øjne at

Åndelig tilbedelse, som Gud tager imod · 11

anstrenge sig for at skille sig af med tidligere uvaner.

4) Vi må ikke lade os distrahere eller fordunkle gudstjenestens atmosfære.

Et kirkerum er et helligt sted, som bruges til tilbedelse, bøn og lovprisning af Gud. Hvis forældrene tillader deres børn at græde, støje eller løbe omkring, vil barnet forhindre andre medlemmer af menigheden i at tilbede af hjertets grund. Dette er uhøfligt overfor Gud.

Det er også manglende respekt at blive ophidset eller vred, eller at tale om forretningsanliggender eller om verdslig underholdning i kirkerummet. Det samme gælder for at tygge tyggegummi, tale højlydt med andre mennesker, eller at rejse sig og gå ud af kirkerummet midt under gudstjenesten. Det er upassende at bære hat eller være iklædt T-shirts, joggingtøj, badesandaler eller hjemmesko ved en gudstjeneste. Det ydre udseende er ikke vigtigt, men et menneskes indre indstilling og hjerte viser sig ofte i udseendet. Den omhu, hvormed personen forbereder sig på gudstjenesten, fremgår af påklædningen og den ydre fremtoning.

Hvis vi har en korrekt forståelse af Gud og det, han ønsker, er det nemmere for os at gennemføre en åndelig gudstjeneste, som han vil tage imod. Når vi tilbeder Gud på en måde, som behager ham, dvs. når vi tilbeder ham i ånd og sandhed, giver han os forståelsens kraft, sådan at vi kan indskrive denne forståelse dybt i vores hjerter, bære frugt i overflod og nyde den nåde og de velsignelser, som han udøser over os.

4. Et liv præget af tilbedelse i ånd og sandhed

Når vi tilbeder Gud i ånd og sandhed, bliver vores liv fornyet. Gud vil, at vores liv hver især skal præges fuldkommen af tilbedelse i ånd og sandhed. Hvordan skal vi opføre os for at tilbyde Gud den åndelige gudstjeneste, som han tager imod med glæde?

1) Vi skal altid fryde os.

Sand glæde stammer ikke kun fra glædelige hændelser, men er til stede selv når vi står overfor smertelige og vanskelige situationer. Jesus Kristus, som vi har taget imod som vores frelser, er i sig selv grunden til at vi skal fryde os til hver en tid, for han har taget hånd om alle vores forbandelser.

Da vi var på vej til ødelæggelsen, forløste han os ved at udgyde sit blod. Han tog vores fattigdom og sygdom på sig, og han løste vores onde bånd af tårer, smerter, sorg og død. Desuden ødelagde han dødens magt og genopstod, og dermed har han givet os håb om genopstandelsen og ladet os opnå det sande liv og den smukke Himmel.

Hvis vi har taget Jesus Kristus til os ved troen, som vores kilde til glæde, kan vi ikke gøre andet end at fryde os. Da vi har det smukke håb om efterlivet og den evige lykke, vil realiteten være ligegyldig for os, selv om vi ikke har nogen mad eller oplever problemer i familien, eller selv om vi gennemgår trængsler og forfølgelser. Så længe vores hjerter er fulde af kærlighed til Gud og ikke lade sig rokke, og vores håb om Himlen er fast, vil glæden aldrig blegne. Så når vores hjerter er fulde af Guds nåde og håbet om Himlen, dukker glæden op i hvert et øjeblik, og så vil vanskelighederne hurtigt forandre sig til velsignelser.

2) Vi må bede uden ophør.

At bede unde ophør har tre forskellige betydninger: For det første er det at have for vane at bede. Selv Jesus udsøgte sig gennem hele sit virke nogle stille steder, hvor han kunne bede, som han "havde for vane". Daniel bad regelmæssigt tre gange om dagen, og Peter og de andre disciple afsatte tid til at bede. Vi skal også bede regelmæssigt for at samle til bunke af bønner og for at sikre os, at Helligåndens olie aldrig slipper op. Først da kan vi forstå Gud ord under gudstjenesten og få styrke til at leve ved det.

At bede uden ophør er desuden at bede udenfor de fastsatte tidspunkter. Til tider tilskynder Helligånden os til at bede, selv uden for de tidspunkter, vi har sat af til det. Vi hører ofte vidnesbyrd fra mennesker, som har undgået vanskeligheder eller er blevet beskyttet fra uheld, når de har bedt i netop disse situationer.

Endelig er det at meditere over Guds ord dag og nat. Uanset hvor, med hvem, eller hvad man end laver, så må hjertets sandhed være levende og gøre sit arbejde.

Bøn er som vejrtrækning for ånden. Ligesom kødet dør, når dets vejrtrækning stopper, vil et ophør i bønnen føre til at ånden bliver svagere og til sidst vil den dø. Man kan sige, at et menneske beder uden ophør, når han mediterer over ordet dag og nat, og lever ved det. Når Guds ord har taget bolig i hans hjerte og han lever sit liv i fællesskab med Helligånden, så vil alting gå ham godt, og han vil lade sig føre klart og nært af Helligånden.

Der står i Bibelen, at vi først og fremmest skal "søge Guds rige og retfærdighed", så vi skal bede for Guds rige, forsynet og sjælenes frelse, i stedet for at bede for os selv. Så vil Gud velsigne os i endnu større overflod. Men der er mange mennesker, som alligevel beder mest, når de står overfor vanskeligheder eller når de synes, at der mangler noget, og derefter holder pause fra et bede, når de er i fred. Andre beder flittigt i Helligåndens fylde, men holde pause i bønnen, når de mister denne fylde.

Ikke desto mindre bør vi altid samle til bunke i vores hjerter og udsende en velduft af bøn, som behager Gud. Vi kan forestille os, hvor besværligt og pinefuldt det må være at forsøge at presse ordene ud mod ens vilje og presse sig selv til at udfylde bedetiden, mens man også forsøger at skille sig af med døsighed og tomme tanker. Så hvis en troende anser sig selv for at have et vist niveau af tro, men alligevel har vanskeligheder og føler, at det er problematisk at tale med Gud, burde han så ikke være flov over at erklære sin "kærlighed" til Gud? Hvis man selv føler, at ens bøn er åndelig set kedelig og stillestående, så bør man ransage sig selv for at se, om man har frydet sig og været taknemmelig.

Det er helt sikkert, at når et menneskes hjerte altid er fuldt af glæde og taknemmelighed, så vil bønnen foregå i Helligåndens fylde, og den vil ikke være stillestående, men tværtimod gennemtrængende og dyb. Vedkommende vil ikke have følelsens af, at han ikke er i stand til at bede. I stedet vil han tørste efter Guds nåde, og jo sværere tingene bliver, jo mere vil han kalde på Gud med oprigtighed, så hans tro vil vokse lidt efter lidt.

Når vi kalder ud i bøn af hjertets grund uden ophør, vil vi bære bønnens frugt i overflod. Til trods for de trængsler, vi måtte opleve, vil vi overholde de fastsatte tidspunkter for bøn. Og i den udstrækning, vi kalder ud i bøn, vil troens åndelige dybde og kærligheden vokse, og vi vil dele denne nåde med andre. Derfor er det afgørende, at vi beder uden ophør i glæde og taknemmelighed, sådan at vi får svar fra Gud i form af smukke frugter i ånden og i kødet.

3) Vi må være taknemmelige over alt.

Hvilke årsager har du til at være taknemmelig? Frem for alt at vi, som gik mod døden, er blevet frelst og kan komme i Himlen. Det, at vi er blevet givet alt, inklusiv vores daglige brød og vores gode helbred, er i sit selv rigelig grund til at være taknemmelig. Desuden kan vi være taknemmelige i ånden for alle trængsler og prøvelser, fordi vi tror på den almægtige Gud.

Gud kender vores omstændigheder og vores situation til bunds, og han hører alle vores bønner. Når vi stoler på Gud til det sidste under vores trængsler, vil han lede os til at blive endnu smukkere under disse trængsler.

Hvis vi stoler på Gud, når vi lider for vor Herres navn, eller endda når vi bliver udsat for trængsler på grund af vores egne fejl eller mangler, så vil vi opleve, at det eneste vi kan gøre, er at være taknemmelige. Når vi mangler noget, vil vi være endnu mere taknemmelige for Guds kraft, som styrker og fuldender den svage. Selv når de realiteter, vi står overfor, bliver stadig vanskeligere at håndtere og udholde, vil vi være i stand til at være taknemmelige på grund af vores tro på Gud. Når vi er taknemmelige til det sidste gennem troen, vil alt falde ud til det bedste i sidste ende, og vanskelighederne vil forandres til velsignelser.

At fryde sig altid, bede uden ophør og være taknemmelig over alt er alle dele af det mål, hvormed vi kan undersøge, i hvor høj grad vi har båret frugt i ånden og i kødet gennem vores liv i troen. Jo mere man stræber efter at fryde sig uanset situationen, plante glædens frø, og være taknemmelig af hjertets grund med tanke på grundene til at være taknemmelig, jo mere af glædens og taknemmelighedens frugt vil man bære. Det samme gælder for bøn: Jo større anstrengelser vi gør os i vores bønner, jo større styrke og jo flere svar vil vi høste som frugt.

Så hvis I hver dag tilbyder Gud den åndelige gudstjeneste, som han ønsker, og behager ham gennem et liv, hvor I altid glæder jer, beder uden ophør og er taknemmelige (Første Thessalonikerbrev 5:16-18), håber jeg, at I vil bære frugt i overflod i ånden og i kødet.

Kapitel 2

Gammeltestamentlige ofre optegnet i Tredje Mosebog

"Herren kaldte på Moses og talte til ham fra Åbenbaringsteltet.
Han sagde: Tal til israelitterne og sig til dem:
Når nogen af jer vil bringe Herren en gave,
skal den gave, I bringer, være et stykke kvæg,
enten hornkvæg eller småkvæg".

Tredje Mosebog 1:1-2

1. Betydningen af Tredje Mosebog

Det siges ofte at Johannesåbenbaringen i det Nye Testamente og Tredje Mosebog i det Gamle Testamente er de dele af Bibelen, som er mest vanskelige at forstå. Så nogle mennesker springer disse dele over, når de læser Bibelen, mens andre tænker, at lovene for ofringer i det Gamle Testamente ikke længere er relevante for os i dag. Men hvis disse dele ikke var relevante for os, hvorfor skulle Gud så havde nedfældet dem i Bibelen? Alle ord i både det Nye og det Gamle Testamente er nødvendige for vores liv i Kristus, og derfor har Gud ladet dem nedskrive i Bibelen (Matthæusevangeliet 5:17-19).

Lovene om ofringer i det Gamle Testamente skal man ikke se bort fra i nytestamentlig tid. Ligesom det er tilfældet med alle andre love, er også lovene om ofringer i det Gamle Testamente blevet opfyldt af Jesus i det Nye Testamente. Betydningen af lovene om ofringer i det Gamle Testamente er indlejret i ethvert skridt i moderne gudstjenester i Guds kirke, og offerritualerne på gammeltestamentlig tid svarer til fremgangsmåden i gudstjenesterne i dag. Når først vi for alvor forstår lovene om ofringer i det Gamle Testamente og deres betydning, vil vi være i stand til at skyde genvej til velsignelserne, hvorved vi vil møde Gud og opleve ham gennem den korrekte forståelse af tilbedelse og gudstjeneste.

Tredje Mosebog er en del af Gud ord, og den gælder stadig i dag for alle de mennesker, som tror på ham. Det skyldes, som der står i Første Petersbrev 2:5: *"Lad jer selv som levende sten bygges op til et åndeligt hus, til et helliget præsteskab, der bringer åndelige ofre, som takket være Jesus Kristus er kærkomne for Gud".* Enhver, som er blevet frelst gennem Jesus Kristus kan træde frem for Gud, ligesom præsterne på gammeltestamentlig tid.

Tredje Mosebog består i store træk af to dele. Den første del fokuserer primært på, hvordan vores synder bliver tilgivet. Den består grundlæggende af lovene for ofringer til tilgivelse af vores synder. Den beskriver også kvalifikationer og ansvar for de præster, som står for ofringerne mellem folket og Gud. Den anden del beskriver i stor detalje de synder, som Guds udvalgte, hans hellige folk, aldrig må begå. Sammenfattende set må enhver troende lære om Guds vilje, som findes i Tredje Mosebog, for den lægger vægt på, hvordan det hellige forhold til Gud opretholdes.

Lovene om ofringer i Tredje Mosebog forklarer den metode, der skal benyttes, når vi tilbeder. Ligesom vi møder Gud og får hans svar og velsignelser gennem gudstjenester, kunne folk på gammeltestamentlig tid blive tilgivet deres synder og opleve Guds gerning gennem ofre. Men efter Jesus Kristus har Helligånden taget bolig i os og vi har fået mulighed for at have fællesskab med Gud, idet vi tilbeder ham i ånd og sandhed gennem Helligåndens gerninger.

I Hebræerbrevet 10:1 står der: *"For da loven kun indeholder en skygge af de kommende goder og ikke selve tingenes skikkelse, kan den aldrig ved hjælp af de gentagne, årlige ofre, som man vedvarende frembærer, føre dem, der kommer med dem, til målet"*. Hvis der er en skikkelse, så er der også en skygge af denne skikkelse. I dag er "skikkelsen" det, at vi kan tilbede gennem Jesus Kristus, og på gammeltestamentlig tid måtte folk opretholde relationen til Gud gennem ofre, som var skyggen.

Ofringerne til Gud må gives i overensstemmelse med de regler, han har fastlagt; Gud tager ikke imod ofringer fra et menneske, som giver efter forgodtbefindende. I Første Mosebog kapitel 4, ser vi, at mens Gud tog imod ofre fra Abel, som fulgte Guds vilje, så afviste han ofrene fra Kain, som ofrede i overensstemmelse med sine egne regler.

På samme måde er der tilbedelse, som behager Gud, og tilbedelse, som kommer på afveje fra hans regler og dermed bliver irrelevant for Gud. I lovene om ofringer i Tredje Mosebog er der praktisk information om den form for tilbedelse, vi skal benytte for at behage Gud og være i stand til at få hans svar og velsignelser.

2. Gud kaldte på Moses fra Åbenbaringsteltet

I Tredje Mosebog 1:1 står der: *"Herren kaldte på Moses og tale til ham fra Åbenbaringsteltet"*. Åbenbaringsteltet var en mobil helligdom, som hjalp Israels folk med at foretage hurtige bevægelser under deres tilværelse i ødemarken, og Gud kaldte Moses hen til dette telt. Åbenbaringsteltet henviser til tabernaklet, som bestod af det Hellige og det Allerhelligste (Anden Mosebog 30:18; 30:20, 39:32 og 40:2). Det kan også helvise til både tabernaklet og det læhegn, som omgav forgården (Fjerde Mosebog 4:31; 8:24).

Efter israelitternes flugt fra Egypten og deres rejse mod Kana'ans land brugte de lang tid i ødemarken, og de var konstant i bevægelse. Derfor kunne det tempel, hvor de ofrede til Gud, ikke være en permanent bygning, men måtte i stedet være et tabernakel, som var let at flytte. Indretningen blev derfor også kaldt Åbenbaringsteltet.

I Anden Mosebog 35-39 er der specifikke detaljer angående tabernaklets konstruktion. Gud gav selv Moses detaljerne om, hvordan tabernaklet skulle bygges, og hvilke materialer der skulle bruges. Da Moses fortalte menigheden om de nødvendige materialer til tabernaklet, kom folk gladelig med en masse nyttige materialer såsom guld, sølv, bronze, forskellige slags sten, blåt, purpurrødt og karminrødt stof og fint linned. De kom med gedeuld, vædderskind og delfinskind, og til sidst måtte Moses sige til dem, at de ikke skulle komme med mere (Anden Mosebog 36:5-7).

Tabernaklet blev dermed bygget af gaver som menigheden gav frivilligt. Det har ikke været nemt for israelitterne at bygge tabernaklet på vej til Kana'an, efter at de var flygtet fra Egypten. De havde ikke noget hjem og intet land. De kunne ikke øge deres velstand gennem dyrkelse af jorden. Men i forventning til Guds løfte om, at han ville tage bolig iblandt dem, når først de havde bygget et telt til ham, gjorde israelitterne sig gladelig de nødvendige anstrengelser.

Israelitterne havde længe lidt under alvorligt misbrug og hårdt arbejde, og de længtes efter frihed fra trældommen mere end noget andet. Da Gud havde befriet dem fra Egypten, befalede han dem at bygge tabernaklet, sådan at han kunne bo iblandt dem. Israelitterne havde ingen grund til at udskyde det, så de byggede tabernaklet med glædelig hengivenhed som det vigtigste fundament.

Det første rum indenfor indgangen til tabernaklet er det "Hellige", og når man går gennem det, kommer man ind i det "Allerhelligste". Det er det helligste sted. Det Allerhelligste huser vidnesbyrdets ark (pagtens ark). Det, at vidnesbyrdets ark, som indeholder Guds ord, befinder sig i det Allerhelligste, minder os om Guds tilstedeværelse. Templet er som helhed et helligt sted, da det er Guds hus, men det Allerhelligste er noget helt særligt, idet det er det mest hellige sted. Selv ypperstepræsterne kunne kun gå ind i det Allerhelligste én gang om året, hvor de foretog syndofringen til Gud på folkets vegne. Almindelige mennesker havde forbud mod at gå derind. Det skyldes, at synderne ikke kan træde frem for Gud.

Men ved Jesus Kristus har vi alle sammen fået det privilegium, at vi kan træde frem for Gud. I Matthæusevangeliet 27:50-51 læser vi: *"Men Jesus råbte atter med høj røst og opgav ånden. Og se, forhænget i templet flængedes i to dele, fra øverst til nederst"*. Da Jesus ofrede sig selv gennem døden på korset for at frelse os fra synden, blev det forhæng, som havde adskilt os fra det Allerhelligste, revet i stykker.

Hebræerbrevet 10:19-20 forklarer videre: *"Brødre, ved Jesu blod har vi altså frimodighed til at gå ind i helligdommen ad den nye, levende vej, som han har åbnet for os gennem forhænget, det vil sige ved sit jordiske legeme".* Dette forhæng blev revet itu for os da Jesus ofrede sin krop i døden, og det betyder, at muren af synd, som skilte os fra Gud, faldt sammen. Nu kan alle, som tror på Jesus Kristus, få syndernes tilgivelse og gå på den vej, der er blevet brolagt ved at træde frem for den hellige Gud. Mens det førhen kun var præsterne, som kunne træde frem for Gud, kan vi nu have et direkte og nært fællesskab med ham.

3. Den åndelige betydning af Åbenbaringsteltet

Hvilken betydning har åbenbaringsteltet for os i dag? Åbenbaringsteltet er den kirke, hvor de troende tilbeder nu om stunder, helligdommen er legemet af de troende, som har taget imod Herren, og det Allerhelligste er vores hjerter, hvor Helligånden bor. I Første Korintherbrev 6:19 mindes vi om følgende: *"Eller ved I ikke, at jeres legeme er et tempel for Helligånden, som er i jer, og som I har fra Gud? I tilhører ikke jer selv".* Når vi tager imod Jesus som vores frelser, får vi Helligånden som gave fra Gud. Og når Helligånden tager bolig i os, er vores hjerte og krop et helligt tempel.

Vi ser også i Første Korintherbrev 3:16-17: *"Ved I ikke, at I er Guds tempel, og at Guds ånd bor i jer? Hvis nogen ødelægger Guds tempel, skal Gud ødelægge ham. For Guds tempel er helligt, og det tempel er I"*. Ligesom vi må holde Guds synlige tempel rent og helligt til hver en tid, må vi også holde vores krop og hjerte rene og hellige til hver en tid, for det er Helligåndens bolig.

Vi kan læse, at Gud vil ødelægge enhver, som ødelægger Guds tempel. Hvis et menneske er Guds barn og har taget imod Helligånden, men bliver ved med at ødelægge sig selv, vil Helligånden blive slukket og der vil ikke være nogen frelse for det menneske. Først når vi holder det tempel, hvor Helligånden bor, helligt gennem vores adfærd og vores hjerte, kan vi opnå den fuldkomne frelse og have et direkte og nært fællesskab med Gud.

Så det, at Gud kaldte på Moses fra Åbenbaringsteltet betyder, at Helligånden kalder på os fra vores indre, og den forsøger at have fællesskab med os. Det er naturligt for Guds børn, som har opnået frelse, at have fællesskab med Fader Gud. De må bede ved Helligånden og tilbede i ånd og sandhed i intimt fællesskab med Gud.

På gammeltestamentlig tid var folk ikke i stand til at have fællesskab med den hellige Gud på grund af deres synder. Kun ypperstepræsterne kunne komme ind i det Allerhelligste i tabernaklet og gennemføre ofringerne til Gud på folkets vegne. I dag kan ethvert barn af Gud komme ind i helligdommen for at tilbede, bede og have fællesskab med Gud. Det skyldes, at Jesus Kristus har forløst os fra alle vores synder.

Når vi har taget imod Jesus Kristus, tager Helligånden bolig i vores hjerte og anser det for at være det Allerhelligste. Ligesom

Gud kaldte på Moses fra Åbenbaringsteltet, kalder Helligånden på os fra vores hjertes grund i ønske om at have fællesskab med os. Den fører os til at leve i sandheden og forstå Gud ved at lade os høre dens stemme og få dens vejledning. For at kunne høre Helligåndens stemme må vi skille os af med synder og ondskab i hjertet og blive hellige. Når først vi har opnået hellighed, vil vi være i stand til at høre Helligåndens stemme og vi vil blive velsignet i både ånd og kød.

4. Åbenbaringsteltets form

Åbenbaringsteltets form er meget enkel. Man går igennem porten i den østlige del af tabernaklet, den har en vidde på omkring ni meter. Når man kommer ind i forgården til tabernaklet, vil man først se alteret til brændofre, som er lavet af bronze. Mellem dette alter og helligdommen er der en vask eller en ceremoniel vaskekumme, og bag den det Hellige og så det Allerhelligste, som er det vigtigste i Åbenbaringsteltet.

Tabernaklet består af det Hellige og det Allerhelligste, og dets dimensioner er 4,5 meter i bredden, 13,5 meter i længden, og 4,5 meter i højden. Bygningen står på et fundament, der er lavet af sølv, og dets vægge består af pæle af akacietræ overlagt med guld. Taget er dækket af fire lag teltdug. Der er vævet keruber ind i det første lag, det andet er lavet af gedeuld, det tredje af vædderskind og det fjerde af delfinskind.

Det Hellige og det Allerhelligste er adskilt af et forhæng,

Åbenbaringsteltets indretning

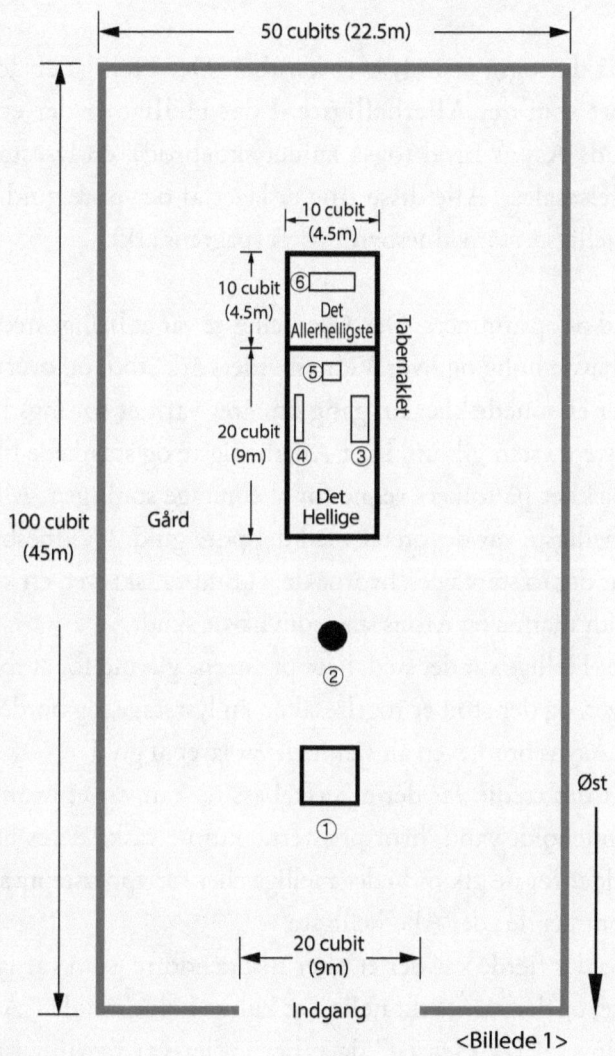

Dimensioner
Gård: 100 x 50 x 5 cubit
Indgang: 20 x 5 cubit
Tabernaklet: 30 x 10 x 10 cubit
Det Hellige: 20 x 10 x 10 cubit
Det Allerhelligste: 10 x 10 x 10 cubit
(* 1 cubit = omkring 45 cm)

Redskaber
① Alter til brændoffer
② Bækken til afvaskning
③ Bordet til Guds åsyns brød
④ Lysestage af rent guld
⑤ Røgelsesalter
⑥ Vidnesbyrdets ark (Pagtens ark)

<Billede 1>

hvorpå der også er indvævet keruber. Det Hellige er dobbelt så stort som det Allerhelligste. I det Hellige er der et bord til Guds Åsyns Brød (også kaldet skuebrød), en lysestage og et røgelsesalter. Alle disse ting er lavet af det pure guld. I det Allerhelligste står vidnesbyrdets ark (pagtens ark).

Lad os opsummere: Det Allerhelligste var et helligt sted, hvor Gud havde bolig og hvor Vidnesbyrdets ark stod, og over arken var der et sonedække. En gang om året var det soningsdag, og ypperstepræsten gik ind i det Allerhelligste og stænkede blod på sonedækket på folkets vegne for at foretage soningen. Alt i det Allerhelligste var dekoreret med det pure guld. I Vidnesbyrdets ark var der to stentavler, hvorpå de Ti Bud var skrevet, en krukke med lidt manna og Arons stav, som havde skudt.

Det Hellige var det sted, hvor præsterne gik ind for at foretage ofringer, og der stod et røgelsesalter, en lysestage, og bordet med Guds Åsyns brød, som alt sammen var lavet af guld.

For det tredje var der et vaskebassin, som var et bronzekar. Det indeholdt vand, hvor præsterne kunne vaske deres hænder og fødder før de gik ind i det Hellige eller for ypperstepræsternes vedkommende i det Allerhelligste.

For det fjerde var der et alter til brændofre, som var lavet af bronze, og det var stærkt nok til at kunne holde til ilden. Alterets ild "slog ud fra Herren" da tabernaklet var færdigt (Tredje Mosebog 9:24). Gud befalede, at ilden på alteret skulle brænde konstant, den måtte aldrig gå ud, og hver dag skulle der ofres to et-årige lam på det (Anden Mosebog 29:38-43; Tredje Mosebog

Billede

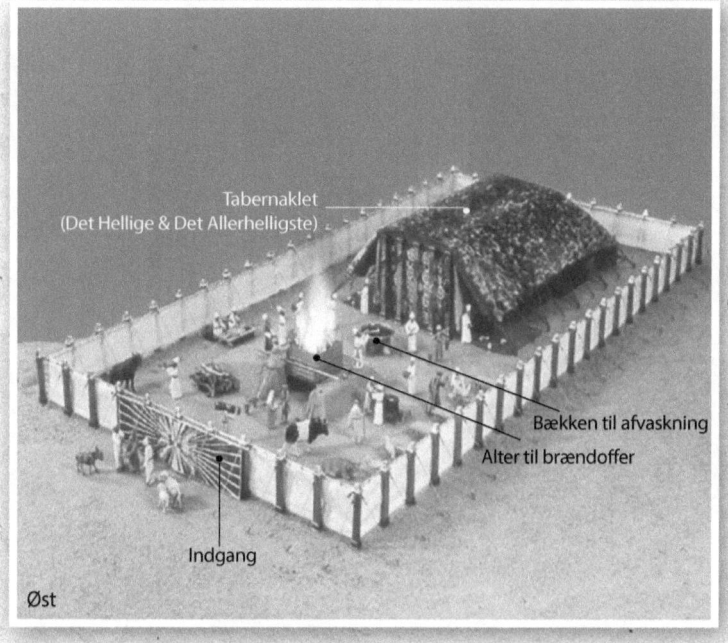

<Billede 2>

Panorama af Åbenbaringsteltet

Inden i gården står alteret til brændofre (Anden Mosebog 30:28), et vaskebækken (Anden Mosebog 30:18), og tabernaklet (Anden Mosebog 26:1; 36:8). Der hænger fint, tvundet linned omkring gården. Der er kun én indgang til tabernaklet i østsiden (Anden Mosebog 27:13-16), hvilket symboliserer Jesus Kristus, den eneste dør til frelsen.

Billede

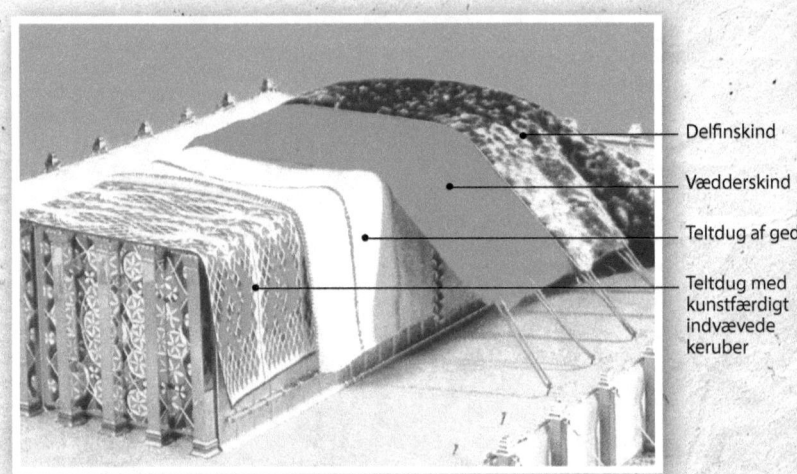

<Billede 3>

Teltdug til tabernaklet

Fire lag teltdug til tabernaklet.
Nederst teltdug med indvævede keruber; derefter teltdug af gedeuld; ovenpå vædderskind og til sidst delfinskind. Teltdugene på billede 3 er vist sådan at lagene er synlige. Når teltdugene er fjernet bliver forhængene foran og bag Helligdommen synlige, og bag dem røgelsesalteret og forhænget til det Allerhelligste.

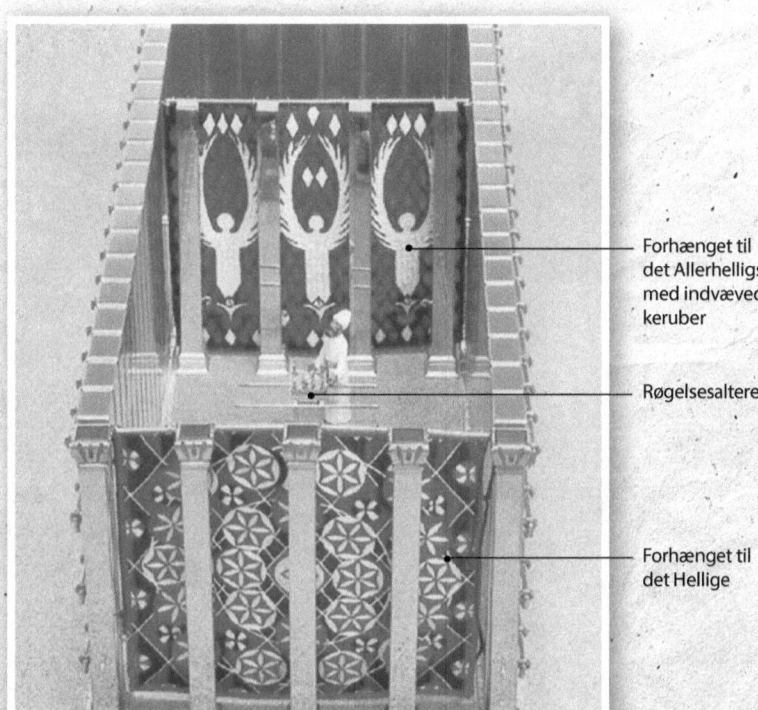

<Billede 4>

Det Hellige set uden teltdug

Forrest ses forhænget for det Hellige. Bag det er røgelsesalteret og forhænget til det Allerhelligste.

Billede

<Billede 5>

Tabernaklets indre

Midt i det Hellige står en lysestage af det rene guld (Anden Mosebog 25:31), bordet til Guds Åsyns brød (Anden Mosebog 25:30), og bagved ses røgelsesalteret (Anden Mosebog 30:27).

Røgelsesalteret

Bordet til Guds Åsyns brød

Lysestagen

Billede

<Billede 9>

Inden i det Allerhelligste

Bagerste væg af det Hellige er taget væk, sådan at man kan se ind i det Allerhelligste. Her ses Vidnesbyrdets ark, sonedækket, og bagerst forhænget til det Allerhelligste. En gang om året klædte ypperstepræsten sig i hvidt og gik ind i det Allerhelligste, hvor han stænkede med syndofrenes blod.

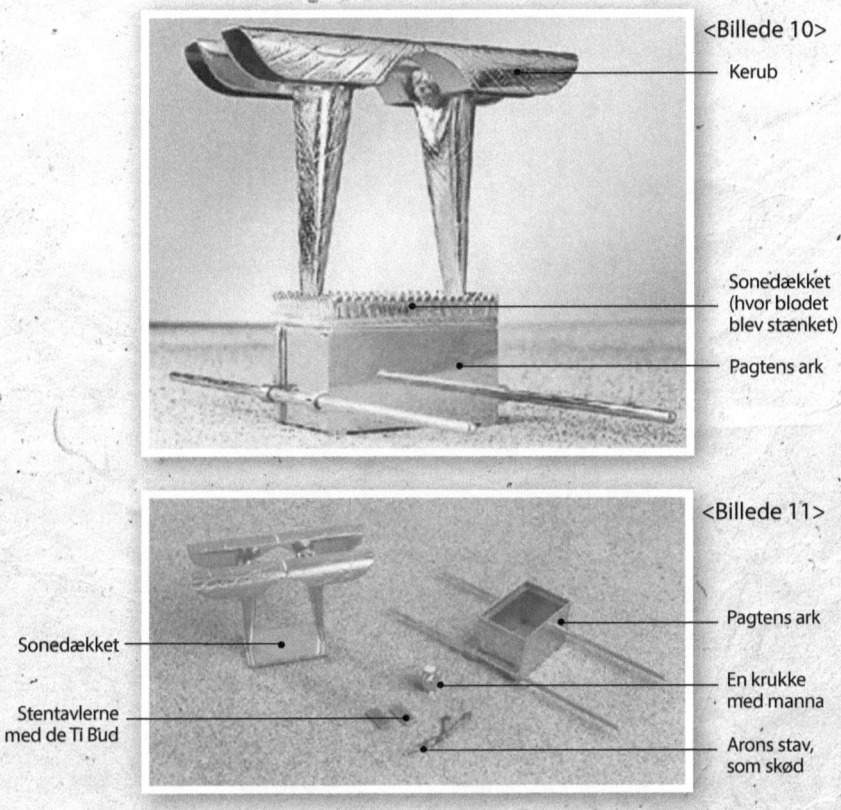

Pagtens ark og sonedækket

I det Allerhelligste står vidnesbyrdets ark, der er lavet af det pure guld, og ovenpå arken ligger sonedækket. Sonedækket henviser til låget på vidnesbyrdets ark (Anden Mosebog 25:17-22), hvor der stænkes blod en gang om året. På sonedækkets ender står der to keruber, hvis vinger dækker sonedækket (Anden Mosebog 25:18-20). Inden i Vidnesbyrdets ark ligger stentavlerne med de Ti Bud, en krukke med manna og Arons stav, som skød.

Billede

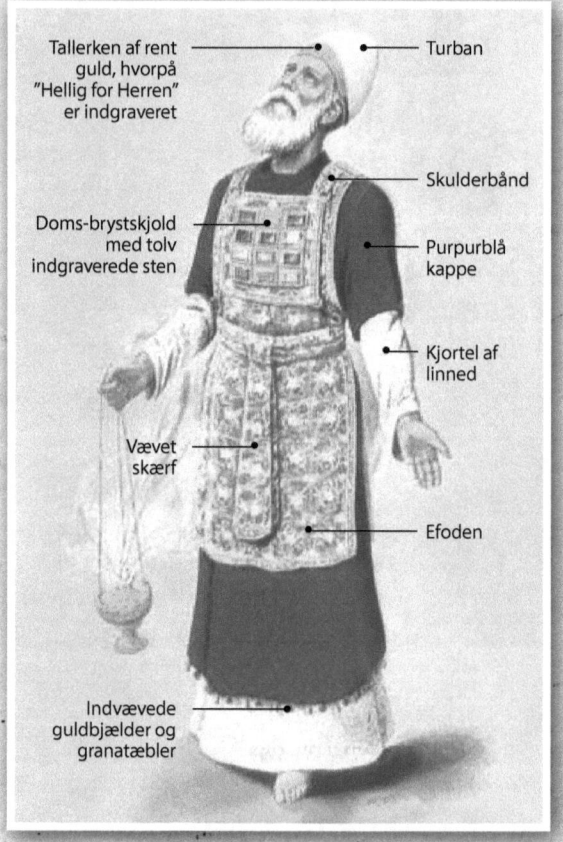

<Billede 12>

Ypperstepræstens dragt

Ypperstepræsten have ansvaret for templets vedligeholdelse og tilsynet med ofringerne, og en gang om året gik han ind i det Allerhelligste for at ofre til Gud. Enhver, som påtog sig stillingen som ypperstepræst, skulle have Urim og Tummin i sin besiddelse. Disse to sten, som blev brugt til at søge Guds vilje, blev indsat i bryststykket øverst på efoden, som var en del af præstens dragt. "Urim" står for lys og "Tummin" for fuldkommenhed.

6:12-13).
5. Den åndelige betydning af ofre med tyre og lam

I Tredje Mosebog 1:2 siger Gud til Moses: *"Tal til israelitterne og sig til dem: Når nogen af jer vil bringe Herren en gave, skal den gave, I bringer, være et stykke kvæg, enten hornkvæg eller småkvæg".* Under gudstjenesten giver Guds børn forskellige gaver. Ud over tiende giver de gaver i form af taknemmelighed, opbyggelse og lettelse. Alligevel befaler Gud, at hvis nogen bringer ham en gave, så skal det være "hornkvæg eller småkvæg". Da disse vers har en åndelig betydning, skal vi ikke tage dem bogstaveligt, men i stedet forsøge at forstå den åndelige betydning og handle i overensstemmelse med Guds vilje.

Så hvad er den åndelige betydning af at ofre "hornkvæg eller småkvæg"? Det betyder, at vi skal tilbede Gud i ånd og sandhed, og ofre os selv som et levende og helligt offer. Dette er den "åndelige gudstjeneste" (Romerbrevet 12:1). Vi må altid være årvågne i bøn og opføre os på en hellige måde foran Gud, ikke alene under gudstjenester, men også i vores dagligliv. Så vil vores tilbedelse og alle vores ofrer blive givet til Gud som levende og hellige ofrer, og det vil Gud anse for åndelig gudstjeneste.

Så hvorfor befaler Gud israelitterne at give ham netop hornkvæg eller småkvæg? Hornkvæg og småkvæg er de dyr som bedst repræsenterer Jesus, der blev fredsoffer for hele menneskeheden. Lad os undersøge ligheden mellem "hornkvæget" og Jesus.

1) Tyrene bærer menneskehedens byrde.

Ligesom tyre bærer menneskenes byrder, har Jesus båret syndens byrde. I Matthæusevangeliet 11:28 sige han til os: *"Kom til mig, alle I, som slider jer trætte og bærer tunge byrder, og jeg vil give jer hvile"*. Folk slider i det og gør sig store anstrengelser for at opnå velstand, ære, viden, berømmelse, prestige, magt og alt andet, de kunne ønske. Oven i alle de andre byrder, menneskets bærer, har det også syndens byrde, og livet leves i trængsler, vanskeligheder og lidelser.

Men Jesus tog vores byrder og lidelser på sig som offer, udgød soningens blod og lod sig korsfæste på et trækors. Ved troen på Herren kan mennesket lægge alle sine problemer og syndens byrde fra sig og nyde fred og ro.

2) Tyre skaber ikke problemer for mennesket; de gavner kun.

Okserne arbejder ikke kun for menneskene, men giver også mælk, kød og skind. Alle dele fra hoved til klov er nyttige. På samme måde er Jesus udelukkende til gavn for mennesket. Han gav de fattige, de syge og de ensomme trøst og håb ved at fortælle om himlens budskab. Han løsnede ondskabens kæder og helbredte sygdomme og lidelser. Selv om han til tider ikke kunne sove eller spise, anstrengte han sig for at undervise hver eneste sjæl i Guds ord på enhver måde. Han åbnede vejen til frelse for de syndere, der gik mod Helvede, ved at ofre sit liv og lade sig korsfæste.

3) Tyrenes kød giver mennesket næring.

Jesus gav sit kød og blod, sådan at mennesket kunne gøre det til sit brød. I Johannesevangeliet 6:53-54 fortæller han os: *"Hvis ikke I spiser Menneskesønnens kød og drikker hans blod, har I ikke liv i jer. Den, der spiser mit kød og drikker mit blod, har evigt liv, og jeg skal oprejse ham på den yderste dag".*

Jesus er Guds ord, der kom til denne verden i kød. Så når vi spiser Jesu kød og drikker hans blod, gør vi Guds ord til vores brød og lever ved det. Ligesom mennesker lever ved at spise og drikke, kan vi opnå det evige liv og komme i Himlen, hvis vi gør Guds ord til vores brød og spiser det.

4) Tyrene pløjer jorden og gør den til frugtbar muld.

Jesus kultiverer jorden i menneskets hjerte. I Matthæusevangeliet 13 er der en lignelse, som sammenligner menneskets hjerte med fire forskellige typer jord: Jorden langs en vej, klippegrund, jord med tidsler og en mark med god jord. Da Jesus forløste os fra alle vores synder, har Helligånden taget bolig i vores hjerte og givet os styrke. Vores hjerte kan forandres til god jord med Helligåndens hjælp. Når vi tror på Jesu blod, som har gjort det muligt for os at få syndernes tilgivelse, og flittigt adlyder sandheden, vil vores hjerter blive til en frodig, rig og god jord, og vi vil opnå velsignelser i ånd og kød ved at høste 30, 60 og 100 fold af det, vi har sået.

Så hvilke ligheder er der mellem Jesus og lam?

1) Lam er blide.

Når vi taler om blide eller sagtmodige mennesker, sammenligner vi dem ofte med lam. Jesus var det blideste af alle mennesker. I Esajas' Bog 42:3 står der om Jesus: *"Det knækkede rør sønderbryder han ikke, den osende væge slukker han ikke"*. Jesus var tålmodig til det sidste, selv overfor de mennesker, der gjorde onde ting, bedrev utugt eller havde angret, men alligevel syndede. Han ventede på, at de skulle omvende sig fra deres veje. Selv om Jesus er søn af Gud, som er altings skaber, og har magt til at ødelægge hele menneskeheden, var han tålmodig med os og viste sin kærlighed selv overfor de onde mennesker, som var ved at korsfæste ham.

2) Lam er lydige.

Lammene følger i lydighed når hyrden fører, og de sidder stille, selv når de bliver klippet. Som der står i Andet Korintherbrev 1:19: *"For Guds søn, Jesus Kristus, som vi – jeg og Silvanus og Timotheus – har prædiket hos jer, var ikke både ja og nej, men i ham er der kun sagt ja"*. Jesus insisterede ikke på sine egne ønsker, men var lydig overfor Gud til sin død. Gennem hele livet tog Jesus kun til de steder, som Guds valgte, og han gjorde kun det, som Gud ville, at han skulle gøre. Til sidst lod han sig korsfæste for at opfylde Faderens vilje, selv om han var bevidst om den forestående lidelse på korset.

3) Et lam er rent.

Der er her tale om et årgammelt handyr, som indnu ikke er blevet brugt til parring (Anden Mosebog 12:5). Et lam på denne alder kan sammenlignes med et elskeligt og rent ungt menneske – eller med den skyldfrie og pletfrie Jesus. Lammene giver også uld, kød og mælk; de er aldrig til skade, men gavner kun folk. Som tidligere nævnt gav Jesus sit kød og blod – han gav sig selv for os. I fuldkommen lydighed mod Gud Fader fuldførte Jesus Guds vilje og ødelagde den mur af synd, som skilte os fra Gud. Selv i dag kultiverer han konstant vores hjerter, sådan at de kan blive til ren og frugtbar jord.

Ligesom mennesket blev forløst fra sine synder gennem tyre og lam på gammeltestamentlig tid, ofrede Jesus sig på korset og opnåede dermed den evige forløsning gennem sit blod (Hebræerbrevet 9:12). Når vi tror på dette, må vi forstå, hvordan Jesus blev et offer, som Gud tog imod, og vi må altid være taknemmelige overfor Jesu Kristi kærlighed og nåde, og forsøge at efterligne ham.

Kapitel 3

Brændofferet

"Præsten skal bringe det alt sammen [en tyrekalv] som brændoffer på alteret, et offer, en liflig duft for Herren".

Tredje Mosebog 1:9

1. Brændofferets betydning

Brændofferet, som er det første af alle ofrene i Tredje Mosebog, er den ældste type af alle ofrene. Ordets etymologi fortæller, at "brændoffer" er "at lade noget stige til vejrs". Et brændoffer foretages ved at placere offeret på et alter og lade det brænde op. Det symbolisere menneskets offer, hans hengivenhed og hans frivillige tjeneste. Det at behage Gud med velduften fra brændingen af det dyr, der er blevet givet som offer, er den mest almindelige metode til at ofre, og den tjener som tegn på at Jesus bar vores synder og gav sig selv som et fuldkomment offer, hvorved en stor velduft steg op til Gud (Efeserbrevet 5:2).

At behage Gud med velduft betyder ikke, at Gud fornemmer duften af det dyr, der er blevet ofret. Det betyder derimod, at han tager imod velduften fra hjertet af den person, der har givet ham ofret. Gud undersøger i hvilken udstrækning personen er gudfrygtig og med hvilken slags kærlighed vedkommende giver ofret til Gud. Han tager imod personens hengivenhed og kærlighed.

Når vi slagter et dyr og giver det til Gud som brændoffer, er det symbol på, at vi giver Gud vores liv og adlyder alle hans befalinger til os. Med andre ord er den åndelige betydning af brændofferet, at vi lever fuldt ud ved Guds ord og giver ham alle aspekter af vores liv på en ren og hellig måde.

I nutidige termer er det et udtryk for vores hjerte, idet vi lover at give vores liv til Gud i overensstemmelse med hans vilje ved at deltage i gudstjenester ved påske, høstfest, allehelgen, jul og hver eneste søndag. Det at tilbede Gud hver søndag og at holde søndagen hellig er bevis på, at vi er Guds børn og at vores ånd tilhører ham.

2. Dyret til brændofferet

Gud befalede, at dyret til et brændoffer skal være et "lydefrit handyr", hvilket er tegn på fuldkommenhed. Han vil have et handyr, fordi de generelt er mere trofaste overfor deres principper end hundyrene. De svinger ikke fra det ene til det andet, er ikke snedige og vakler ikke. Når Gud vil have ofre, som er lydefri, skyldes det, at man skal tilbede ham i ånd og sandhed, og man bør ikke tilbede ham med et splittet sind.

Når vi giver vores forældre gaver, vil de gladelig tage imod dem, hvis vi giver dem med kærlighed og omsorg. Men hvis vi giver dem modvilligt, vil de ikke modtage dem med glæde. På samme måde vil Gud ikke modtage den tilbedelse, som gives uden glæde eller under udmattelse, døsighed eller med tomme tanker. Men han tager med glæde mod vores tilbedelse, når vores hjertes grund er fuldt af håb om Himlen, taknemmelighed over frelsens nåde og kærlighed til vor Herre. Først da giver Gud os en måde, hvorpå vi kan undgå fristelser og vanskeligheder, og lader os trives på alle områder.

Den tyrekalv, som Gud befaler skal ofres i Tredje Mosebog 1:5, henviser til en ung tyr, som endnu ikke er blevet parret, og i åndelig henseende er der tale om Jesu Kristi renhed og integritet.

Derfor omhandler dette vers Guds ønske om, at vi skal komme til ham med et barns rene og oprigtige hjerte. Han vil ikke, at vi skal opføre os barnligt eller umodent, men ønsker i stedet, at vi skal efterligne et barns hjerte, som er enkelt, lydigt og ydmygt.

En tyrekalvs horn er endnu ikke vokset ud, så den stanger ikke og har ingen ondskab. Disse træk betegner også Jesus Kristus, som er mild, ydmyg og sagtmodig som et barn. Da Jesus Kristus er Guds skyldfri og fuldkomne søn, skal det offer, som ligner ham, også være lydefrit og fuldkomment.

I Malakias' Bog 1:6-8 irettesætter Gud israelitterne alvorligt, fordi de har givet ham ødelagte og ufuldkomne offergaver:

> *"En søn ærer sin far og en træl sin herre. Men er jeg far, hvor er da min ære? Og er jeg herre, hvor er da frygten for mig? Sådan siger Hærskarenes Herre til jer præster, der ringeagter mit navn. I spørger: "Hvordan ringeagter vi dit navn? I bringer uren føde på mit alter! I spørger: Hvordan gør vi dig uren?" Det gør I, når I siger: "Herrens bord må man godt ringeagte!" Når I bringer blinde dyr som ofre, er det så ikke noget ondt? Når I bringer halte og syge dyr, er det så ikke noget ondt. Prøv at bringe det til din statholder! Tror du, han vil tage nådigt imod dig og vise dig velvilje? siger Hærskarers Herre".*

Vi må give Gud et lydefrit, skyldfrit og fuldkomment offer ved at tilbede ham i ånd og sandhed.

3. Betydningen af forskellige slags ofringer

Retfærdighedens og nådens Gud ser på menneskets hjerte. Derfor er han ikke interesseret i ofrets størrelse, værdi eller bekostning, men i den grad af omsorg, hvormed et menneske giver i tro, i overensstemmelse med vedkommendes omstændigheder. Som han siger til os i Andet Korintherbrev 9:7: *"Enhver må give, som han har hjerte til – ikke vrangvilligt eller under pres, for Gud elsker en glad giver".* Gud tager glad imod, når vi giver med glæde i overensstemmelse med vores omstændigheder.

I Tredje Mosebog 1 forklarer Gud i stor detalje hvordan tyrekalve, lam, geder og fugle skal ofres. Selv om de lydefrie tyrekalve er det mest passende at give som brændoffer, er der nogle mennesker, som ikke har råd til tyre. Derfor lader Gud os i sin nåde ofre lam, geder og duer alt efter den enkeltes formåen. Hvad er den åndelige betydning af det?

1) Gud tager imod de ofre, som gives i overensstemmelse med den enkeltes formåen.

Folks økonomiske formåen og omstændigheder variere; det, der for nogle er et lille beløb, kan være mange penge for andre. Derfor tager Gud gladelig imod de lam, geder eller duer, som folk ofre. Dette er Guds retfærdighed og kærlighed, hvormed han lader alle, uanset om de er rige eller fattige, tage del i ofringerne alt efter deres formåen.

Gud glæder sig ikke over at modtage en ged, hvis den, der giver den, havde haft råd til at give en tyr. Men han vil gladelig tage imod en tyr fra et menneske, som egentlig kun havde råd til et lam, og han vil hurtigt give dette menneske det, som det ønsker af hjertets grund. Uanset om der bliver ofret en tyr, en ged, et lam eller en due, så siger Gud, at det har en "liflig duft" for ham (Tredje Mosebog 1:9, 13, 17). Det betyder, at når vi ofrer til Gud af hjertets grund, så er der ikke nogen forskel, selv om ofrene måske har forskellige størrelse, for Gud ser på menneskets hjerte og opfanger den liflige duft.

I Markusevangeliet 12:41-44 er der en scene, hvor Jesus roser en fattig enke, som giver en offergave. Hun gav to små kobbermønter, som ikke havde ret stor værdi på daværende tidspunkt, men det var alt, hvad hun havde. Uanset hvor lille et offer, så glæder Gud sig over det, hvis vi giver med glæde efter bedste formåen.

2) Gud tager imod tilbedelse i overensstemmelse med den enkeltes intellekt.

Når man lytter til Guds ord, vil forståelsen og den nåde, man modtager, variere alt efter den enkeltes intellekt, uddannelse og viden. Selv under den samme gudstjeneste vil der være nogle mennesker, som er kvikkere og har læst mere, og de vil have lettere ved at forstå og huske Guds ord end dem, som måske ikke er ligeså intelligente eller som ikke har samme skolemæssige baggrund. Da Gud er klar over dette, vil han, at enhver tilbeder af hjertets grund, forstår Guds ord og lever ved det indenfor rammerne af sit intellekt.

3) Gud tager imod tilbedelse alt efter enhvers alder og mentale skarphed.

Efterhånden som folk bliver ældre, kan deres hukommelse og opfattelsesevne svækkes. Derfor er der mange ældre mennesker, som ikke er i stand til at forstå og huske Guds ord. Ikke desto mindre kender Gud den enkeltes omstændigheder, så hvis disse mennesker hengiver sig til tilbedelsen med oprigtige hjerter, vil Gud tage imod den med glæde.

Man skal huske på, at når et menneske tilbeder med Helligåndens inspiration, så vil Guds kraft være med ham, selv om han mangler visdom eller viden, eller har en høj alder. Ved Helligåndens gerning hjælper Gud ham til at forstå og gøre ordet til sit brød. Så man skal ikke opgive og tænke: "Jeg klarer det ikke", eller "Jeg har forsøgt, men jeg kan ikke". I stedet skal man anstrenge sig af hjertets grund og søge Guds kraft. Kærlighedens Gud tager med glæde imod de ofre, som gives til ham i overensstemmelse med enhvers yderste anstrengelser og deres omstændigheder. Derfor har han nedfældet disse detaljer omkring dyrene til brændofre i Tredje Mosebog, og han forkynder derigennem sin retfærdighed.

4. Tyre som ofre (Tredje Mosebog 1:3-9)

1) Lydefri tyrekalve ved indgangen til Åbenbaringsteltet.
Tabernaklet består af det Hellige og det Allerhelligste. Kun præsterne kunne komme ind i det Hellige og ypperstepræsterne

kunne komme ind i det Allerhelligste en gang om året. Almindelige mennesker, som ikke måtte komme ind i det Hellige, gav brændofre ved at trække de lydefri tyrekalve hen til indgangen af Åbenbaringsteltet.

Men da Jesus ødelagde muren af synd, som havde skilt os fra Gud, kan vi nu have et direkte og nært forhold til Gud. På gammeltestamentlig tid gav folk deres ofre ved indgangen til Åbenbaringsteltet. Men da Helligånden har gjort vores hjerter til sit tempel, har taget bolig i det og har fællesskab med os i dag, har vi nu i nytestamentlig tid opnået retten til at træde frem for Guds i det Allerhelligste.

2) Hånden lægges på brændofferdyrets hoved for at skaffe soning.

I Tredje Mosebog 1:4 og frem læser vi: *"Han skal lægge sin hånd på brændofferdyrets hoved. Det bringer ham Herrens velbehag og skaffer ham soning. Dernæst skal han slagte tyrekalven for Herrens ansigt"*. Når man lægger hånden på brændofferdyrets hoved, symboliserer det at man overfører sine synder til offeret, og først da vil Gud tilgive synderne ved offerdyrets blod.

Håndspålæggelsen og overførelsen af synder medfører også velsignelser og soning. Vi ved, at Jesus bruge håndspålæggelse, når han velsignede børn eller helbredte de syge for deres lidelser. Apostlene gav Helligånden til folk ved at lægge hånden på dem, og de fik gaver i overflod. Håndspålæggelsen betyder, at noget er blevet givet til Gud. Når en præst lægger hænderne på de forskellige gaver betyder det, at de er blevet givet til Gud.

Velsignelserne ved afslutningen af gudstjenesten eller et bønnemøde gennemføres også med henblik på at Gud med glæde skal kunne modtage den pågældende gudstjeneste eller bønnemøde. I Tredje Mosebog 9:22-24 er der en scene, hvor ypperstepræsten Aron *"løftede sine hænder mod folket og velsignede det"* efter at have givet et syndoffer og at brændoffer til Gud i overensstemmelse med Guds instruktioner. Når vi har holdt Herrens dag hellig og har afsluttet gudstjenesten med en velsignelser, beskytter Gud os fra den fjendtlige djævel og Satan, samt fra fristelser og vanskeligheder, og han lader os velsigne i overflod.

Hvad betyder det, at man skal slagte en lydefri tyrekalv som brændoffer? Da syndens løn er død, slagter mennesket dyrene på vegne af sig selv. En lydefri tyrekalv, som endnu ikke er blevet parret, er så elskelig som et uskyldigt barn. Gud ville, at enhver skulle give et brændoffer med samme hjerte som et uskyldigt barn, og derefter undlade at synde igen. Derfor ville han, at enhver skulle angre sine synder og ransage sit hjerte.

Apostlen Paulus var meget bevidst om hvad Gud ville og selv efter at han var blevet tilgivet sine synder og havde fået autoritet og kraft som Guds barn, "døde" han dagligt. Han skrev i Første Korintherbrev 15:31: *"Ja, brødre, så sandt I er min stolthed i Kristus Jesus, var Herre: Hver dag dør jeg".* Vi kan først give vores kroppe som hellige og levende ofre for Gud, når vi har skilt os af med alle de ting, som er Gud imod såsom usandhed, arrogance, grådighed, tankebygninger, selvretfærdighed og alt anden ondskab.

3) Præsterne stænker blod rundt om alteret.

Når tyrekalven er blevet slagtet som tegn på at den, der giver offeret, har pålagt det sine synder, stænker præsterne ofrets blod rundt om alteret i Åbenbaringsteltet. Det skyldes, som vi læser i Tredje Mosebog 17:11: *"For kødets liv er blodet, og det har jeg givet til jer til at komme på alteret for at skaffe soning for jer; det er blodet, der skaffer soning, fordi det er livet"*. Blodet symboliserer liv. Derfor har Jesus udgydt sit blod for at forløse os fra synden.

"Rundt om alteret" betyder i øst, vest, nord og syd eller simpelt hen i alle retninger. At stænke blod "rundt om alteret" betyder, at menneskets synder bliver tilgivet, hvor end han går. Det betyder, at vi vil blive tilgivet fra de synder, vi begår, og at vi vil modtage Guds retningslinjer for hvorhen, vi skal gå, og for hvilke retninger, vi skal undgå.

Det samme gælder i dag. Alteret er den prædikestol, hvorfra Guds ord forkyndes, og Herrens tjener, som leder gudstjenesten, spiller samme rolle som den præst, der stænkede blodet. Ved gudstjenesterne hører vi Guds ord, og gennem troen og kraften fra vor Herrens blod får vi tilgivelse for alt det, vi har gjort, som var i modstrid med Guds vilje. Når først vi er blevet tilgivet synderne ved blodet, må vi kun gå der, hvor Gud vil, at vi skal gå, for at holde os borte fra synderne.

4) Brændofferet flås og skæres i stykker.

Et dyr, der gives som brændoffer, skal først flås og derefter brændes helt op. Dyreskind er svære at brænde fuldkommen, og når det brænder, kommer der en grim lugt. Så hvis dyret skal kunne ofres med vellugt, skal skindet først flås af det. Hvilken del af den nutidige gudstjeneste kan vi sammenligne med denne procedure?

Gud opfatter duften fra det menneske, som tilbeder ham, og han tager ikke imod det, som ikke dufter godt. For at vores tilbedelse skal have en liflig duft, må vi skille os af med verdslig besudling og træde frem for Gud på en god og hellig måde. Gennem hele livet kommer vi ud for forskellige ting, som ikke ligefrem er syndefulde i Guds øjne, men som heller ikke er hverken gode eller hellige. Sådanne verdslige ting har været en del af os, før vi begyndte vores liv i Kristus, og der kan stadig være rester af ødselhed, forfængelighed og praleri.

For eksempel er der nogle mennesker, som kan lide at tage på markeder eller i stormagasiner for at kigge på vinduer, og de gør det rent vanemæssigt. Andre er afhængige af fjernsyn eller videospil. Hvis vores hjerter indtages af sådanne ting, bevæger vi os bort fra Guds kærlighed. Når vi ransager os selv, vil vi kunne se disse usandheder og den verdslige besudling, og disse ting er fejl i Guds øjne. Hvis vi skal være fuldkomne, når vi træder frem for Gud, må vi skille os af med disse ting. Når vi vil tilbede ham, må vi først angre alle de verdslige aspekter af vores liv, sådan at vores hjerter bliver stadig mere gode og hellige.

Angeren over den syndefulde, urene og ufuldkomne

fremtræden, som er besudlet af verden går forud for gudstjenesten, og den svarer til at flå det dyr, der skal bruges som brændoffer. På denne måde forbereder vi vores hjerter til Gudstjenesten, så det er vigtigt at ankomme før tid. Man skal bede i taknemmelighed overfor Gud, fordi han har tilgivet os vores synder og beskyttet os, og så skal man bede i anger, mens man ransager sig selv.

Når man ofrer dyrene til Gud ved at flå dem, skære dem i stykker og sætte ild til dem, vil Gud til gengæld tilgive menneskets dets overtrædelser og synder, og lade præsterne bruge skindet, som de synes. At skære kødet i stykker henviser til at skære hovedet af, dele benene i skank og bagfjerding og fjerne indvoldene.

Når vi serverer frugt såsom vandmelon eller æbler for ældre mennesker, giver vi dem ikke hele frugten; vi skræller den og får den til at tage sig godt ud. På samme måde er det med offergaver til Gud: Vi brænder ikke hele ofret, men præsentere det på en pæn og organiseret måde.

Så hvad er den åndelige betydning af at skære offeret i stykker?

For det første er der en kategorisering af forskellige typer af tilbedelse af Gud. Der er gudstjenester søndag formiddag og eftermiddag, onsdag aften og nattelange fredagsgudstjenester. Opdelingen af gudstjenesterne svarer til at skære offerdyret i stykker.

For det andet svarer opdelingen af indholdet i vores bønner til at skære offerdyret i stykker. Generelt er bønnen opdelt i anger, uddrivelse af onde ånder og bøn i taknemmelighed. Derefter behandles kirkelige emner; konstruktionen af kirken, præsterne og medarbejderne, udførelsen af pligterne, sjælens opbyggelse og hjertets ønsker. Og til sidst afslutningsbønnen.

Vi kan naturligvis bede mens vi går på gaden, kører bil eller holder pause. Vi kan afsætte tid til fællesskab i stilhed, mens vi tænker over Gud og vor Herre eller mediterer. Ud over meditationen er det vigtigt opdele de forskellige emner for bøn, ligesom det er vigtigt at skære offerdyret i stykker. Gud vil tage imod disse bønner med glæde og besvare dem hurtigt.

For det tredje svarer udskæringen af offerdyret til at Guds ord som helhed er opdelt i 66 bøger. Bibelens 66 bøger forklarer i fællesskab den levende Gud og forsynet for frelse gennem Jesus Kristus. Men Guds ord er opdelt i individuelle bøger, og der er fuld overensstemmelse mellem de forskellige bøger. Da Guds ord er opdelt i forskellige kategorier, bliver hans vilje formidlet på systematisk vis, og så er det lettere for os at gøre den til vores brød.

For det fjerde – og dette er det vigtigste – betyder opskæringen af offerdyret at gudstjenesten i sig selv er opdelt og består af forskellige dele. Bøn i anger er en forberedelse til gudstjenesten, og den efterfølges af den første del, som er en kort meditation, der forbereder og indleder gudstjenesten. Der afsluttes med enten Fadervor eller en velsignelse. Derimellem er der forkyndelsen af Guds ord, og der er forbønner, lovsigelse, oplæsning af tekststykker, indsamling og andre dele. Hver del har en egen betydning, og det at gudstjenesten følger en bestemt orden, svarer til at offerdyret skæres i stykker.

Ligesom offerdyret brændes helt op under ofringen, må vi hellige os gudstjenesten fuldt ud fra start til slut. Deltagerne bør ikke komme for sent eller gå for tidligt for at tage sig af personlige anliggender, med mindre det er absolut nødvendigt. Nogle mennesker har specifikke pligter i kirken, såsom de frivillige der viser folk på plads, og i disse tilfælde er det tilladt at rejse sig. Folk vil måske gerne deltage i gudstjenesten onsdag aften eller i den nattelange fredagsgudstjeneste, men kan ikke komme til tiden på grund af arbejde eller andre uundgåelige omstændigheder. Men i disse tilfælde vil Gud undersøge deres hjerte og modtage den liflige duft af deres tilbedelse.

5) Præsten lægger brændet til rette på alteret og tænder ild.

Når offerdyret er skåret i stykker, må præsten lægge stykkerne på alteret og sætte ild til dem. Derfor instrueres præsterne i at lægge brænde på alteret og tænde ild. Ilden er her et symbol for Helligånden, og brændet til ilden henviser til Bibelens indhold. Ordene i Bibelens 66 bøger skal bruges som brænde. At lægge brændet til rette henviser i åndelig forstand til at gøre ordet i Bibelen til åndeligt brød ved hjælp af Helligåndens gerning.

I Lukasevangeliet 13:33 siger Jesus for eksempel: *"En profet kan ikke dræbes andre steder end i Jerusalem".* Det vil være forgæves, hvis man forsøger at forstå dette vers helt bogstaveligt, for der er mange gudelige mennesker, som f.eks. Paulus og Peter, der er blevet slået ihjel andre steder end i Jerusalem. I dette vers henviser Jerusalem dog ikke til en fysisk by, men til en by, som rummer Guds hjerte og vilje, hvilket er det åndelige Jerusalem, dvs. Guds ord. Så udsagnet om at en profet ikke kan dræbes udenfor Jerusalem betyder, at en profet lever og dør indenfor rammerne af Guds ord.

Vi kan kun forstå det, vi læser i Bibelen og budskabet fra prædikerne, som vi lytter til ved gudstjenesterne, med Helligåndens inspiration. Enhver del af Guds ord, som ligger udover menneskets viden, tænkning og spekulationer, kan forstås gennem Helligåndens inspiration, og så kan vi tro på Guds ord af hjertets grund. Sammenfattende kan vi kun vokse rent åndeligt, når vi har forstået Guds ord ved Helligåndens gerning og inspiration, som formidler Guds hjerte for os og slår rod i os.

6) Hoved og nyrefedt lægges til rette på brændet over ilden på alteret.

I Tredje Mosebog 1:8 står der: *"Præsterne, Arons sønner, skal lægge stykkerne, også hovedet og nyrefedtet, til rette på brændet over ilden på alteret".* Præsten skal lægge offerdyrets stykker, hovedet og nyrefedtet til rette.

Brændingen af offerdyrets hoved betyder, at alle de usande tanker, som stammer fra vores hoved, skal brændes. Det skyldes, at vores tanker kommer fra vores hoved, og de fleste af vores synder begynder i hovedet. Verdslige mennesker vil ofte ikke bedømme en person som synder, hvis ikke hans synd har vist sig som handling. Men som vi læser i Første Johannesbrev 3:15: *"Enhver, som hader sin broder, er en morder".* Gud anser selve det at føle had for en synd.

Jesus forløste os fra vores synder for 2000 år siden. Han har både forløst os fra de synder, som vi begår med hænder og fødder, og fra dem, vi begår med hovedet. Han blev sømmet gennem hænder og fødder for at forløse os for de synder, vi begår med hænder og fødder, og han bar en tornekrone for at forløse os fra de synder, vi begår i tankerne og som stammer fra vores hoveder. Da vi allerede er blevet tilgivet de synder, vi begår i tankerne, behøver vi ikke ofre dyrehoveder til Gud. I stedet må vi svide vores tanker ved Helligåndens ild, og det gør vi ved at skille os af med de usande tanker og kun tænke i sandheden til hver en tid.

Så vil vi ikke længere have usande eller tomme tanker. Helligånden leder folk til at skille sig af med deres tomme tanker, koncentrere sig om budskabet og indgravere det i deres hjerter under gudstjenesten, sådan at de er i stand til at tilbede Gud på åndelig vis, hvilket han vil tage imod.

Nyrefedtet, som er et hårdt animalsk fedtstof, er en kilde til energi og til livet selv. Jesus ofrede sig i den grad, at han udgød alt sit blod og vand. Når vi tror på Jesus som vores Herre, vil vi ikke længere have behov for at ofre nyrefedt fra dyr til Gud.

Men det at tro på Herren fuldføres ikke kun ved at sige, at man tror. Hvis vi for alvor tror, at Herren har forløst os fra vores synder, må vi skille os af med synderne, lade os forandre af Guds ord, og føre hellige liv. Selv under tilbedelsen må vi bruge al vores energi – vores krop, hjerte, vilje og yderste anstrengelser – for at give Gud en åndelig gudstjeneste. Et menneske, som bruger al sin energi på at tilbede Gud, vil ikke bare gemme Guds ord i sit hoved, men også opfylde det i hjertet. Først når ordet opfyldes i hjertet, kan det give liv, styrke og velsignelser i ånd og kød.

7) Præsten vasker indvoldene og skankene med vand og ofre dem på alteret.

De andre dele af dyret blive ofret, som de er, men Gud befaler at indvoldene og skankene, som er de urene dele af dyret, skal vaskes før de ofres. Hvilke urenheder skal vaskes bort? På gammeltestamentlig tid vaskede folk de urene dele af offeret, men nu i nytestamentlig tid skal vi vaske urenhederne bort fra hjertet.

I Matthæusevangeliet 15 er der en scene, hvor farisæerne og skriverne irettesætter Jesu disciple for at spise med urene hænder. Jesus svarer dem: *"Ikke det, som kommer ind i munden, gør et menneske urent, men det, som kommer ud af munden, det gør et menneske urent"* (vers 11). Virkningen af det, der kommer ind i munden, ophører, når det kommer ud som afføring. Men det, der kommer ud af munden, stammer fra hjertet, og har vedvarende virkninger. Og Jesus fortsætter i versene 19-20: *"Thi fra hjertet udgår onde tanker, mord, ægteskabsbrud, utugt, tyveri, falsk vidnesbyrd og bespottelser. Det er det, der gør mennesket urent. Men at spise uden at vaske hænder gør ikke et menneske urent".* Vi må rense os for synd og ondskab i hjertet med Guds ord.

Jo mere Guds ord er kommet ind i vores hjerte, jo mere synd og ondskab vil blive fjernet og renset bort fra os. Hvis for eksempel et menneske gør kærligheden til sit brød og lever ved den, så vil hadet blive udryddet. Hvis et menneske gør ydmyghed til sit brød, vil det erstatte arrogance. Hvis et menneske gør sandheden til sit brød, vil falskhed og bedrag forsvinde. Jo mere man gør sandheden til brød og lever ved den, jo mere af den syndefulde natur vil man skille sig af med. Naturligvis vil troen vokse stødt og med tiden opnå målet af Kristi fylde. I den udstrækning, man har tro, vil man blive ledsaget af Guds kraft og magt. Man vil ikke kun opnå hjertets ønsker, men også blive velsignet på alle livets områder.

Først efter at indvoldene og skankene er blevet vasket og de er blevet lagt på ilden, kan de udsende en liflig duft. Tredje Mosebog 1:9 beskriver det som: *"et offer, en liflig duft for Herren".* Når vi foretager en åndelig gudstjeneste for Gud i ånd og sandhed i overensstemmelse med hans bud for brændofre, vil Gud være tilfreds med vores tilbedelse, og han vil høre vores bønner. Vores tilbedelse vil have en liflig duft for Gud, og han vil glæde sig og give os fremgang på alle livets områder.

5. Får eller geder som offer (Tredje Mosebog 1:10-13)

1) Et lydefrit handyr fra fårene eller gederne.

Uanset om der er tale om et offer af en tyr, et får eller en ged, skal offerdyret være et ungt, lydefrit handyr. I åndelig forstand henviser det lydefri offer til tilbedelse af Gud med et fuldkomment hjerte, der er præget af glæde og taknemmelighed. Guds befaling om at ofre et handyr betyder, at tilbedelsen skal gennemføres med et fast og beslutsomt hjerte. Ofret kan være forskelligt alt efter den enkeltes økonomiske omstændigheder, men indstillingen hos giveren bør altid være hellig og fuldkommen uanset hvad, der bliver ofret.

2) Offeret skal dræbes ved alterets nordside, og præsten skal stænke dets blod hele vejen rundt om alteret.

Ligesom i tilfældet med ofret af tyren, er formålet med at stænke dyrets blod rundt om alteret at opnå tilgivelse for synder, der bliver begået hvor som helst – i øst, vest, nord eller syd. Gud lader soningen finde sted med det dyreblod, som ofres til ham i menneskets sted.

Hvorfor befaler Gud at offeret skal slagtes på alterets nordside? Nordsiden henviser i åndelig forstand til kulde og mørke; det er et udtryk, som ofte bruges til at henvise til noget, Gud irettesætter eller som han ikke er tilfreds med.

I Jeremias' Bog 1:14-15 læser vi:

"Fra nord skal ulykken slippes løs over alle landets indbyggere. For jeg kalder på alle kongeslægter i nord, siger Herren, de skal komme og rejse hver sin trone ved indgangen til Jerusalems porte, vendt mod dens bymur hele vejen rundt og mod alle Judas byer".

I Jeremias' Bog 4:6 siger Gud til os: *"Bring jer i sikkerhed, stands ikke op, for jeg bringer ulykken fra nord, et vældigt nederlag"*. Som vi ser i Bibelen står "nord" for Guds straf eller irettesættelse og de dyr, som er blevet påført alle menneskets synder, må dræbes på nordsiden som symbol på forbandelse.

3) Offeret skæres i stykker, og hoved og nyrefedt lægges til rette på brændet. Indvoldene og skankene vaskes med vand og det hele brændes på alteret.

På samme måde som med ofret af tyrekalven gives ofret af lam eller ged til Gud for at opnå tilgivelse for de synder, vi begår med hoved, hænder eller fødder. Det Gamle Testamente er som en skygge af det Nye Testamente, der er selve skikkelsen. Gud vil, at vi skal få tilgivelse for vores synder. Dog skal denne tilgivelse ikke kun være baseret på gerninger, men også på omskæringen af vores hjerter og på, at vi lever i overensstemmelse med hans ord. Vi skal give Gud en åndelig gudstjeneste af hele vores krop, hjerte og vilje, og gøre Guds ord til vores brød ved Helligåndens inspiration for at skille os af med usandheder og leve i overensstemmelse med sandheden.

6. Fugle som ofre (Tredje Mosebog 1:14-17)

1) En turteldue eller en dueunge.

Duerne er de mest sagtmodige og de klogeste af alle fugle, og de adlyder deres ejer. Deres kød er mørt og de er generelt gavnlige for mennesker, så Gud befaler at turtelduer og dueunger ofres. Gud vil, at de yngste duer skal bruges som ofre, fordi han vil have rene og sagtmodige ofringer. De unge duer symbolisere den ydmyghed og sagtmodighed, hvormed Jesus blev offer.

2) Præsterne skal bringe offeret hen til alteret, knibe dets hoved af, vride vingerne løs uden at rive dem af; de skal presse fuglens blod ud på alterets sider og brænde den på alteret.

Da de unge duer er meget små af størrelse, kan de ikke dræbes og skæres i stykker, og der kan også kun udgydes en lille smule af deres blod. Derfor skal deres hoveder knibes af og blodet drænes fra det, til forskel fra de større dyr, som bliver dræbt på alterets nordside. Dette betyder også, at hænderne lægges på duens hoved. Mens de større offerdyrs blod stænkes rundt om alteret, kan soningsceremonien kun finde sted ved at presse blodet ud på alterets side, når der er tale om en lille fugl, som kun har en lille mængde blod.

På grund af duens ringe størrelse kan den ikke skæres i stykker, for så ville den blive helt uigenkendelig. Derfor skal dens vinger vrides af uden at løsnes fra kroppen. For fuglene er vingerne livsvigtige. Når en due får vredet vingerne løs, symboliserer det at mennesket overgiver sig fuldkommen til Gud og giver ham sit liv.

3) Offerets kro og dets fjer kastes øst for alteret, hvor asken ligger.

Før fuglene ofres på ilden skal deres kro og fjer fjernes. Indvoldene fra tyrene, lammene og gederne smides ikke væk, men lægges på ilden, efter at de er blevet vasket i vand. Men det er vanskeligt at vaske duens lille kro og dens indvolde. Gud lader os derfor smide dem ud. Både det at smide duens kro og fjer ud, og det at rense de urene dele af tyre, lam og geder, symbolisere en renselse af det urene hjerte, hvor synder og ondskab fra fortiden fjernes ved at tilbede Gud i ånd og sandhed.

Fuglens kro og fjer skal kastes øst for alteret, hvor asken ligger. Vi læser i Første Mosebog 2:8 at Gud *"plantede en have i Eden ude i øst"*. Den åndelige betydning af øst er et sted, som er omgivet af lys. Selv på denne jord er øst det sted, hvor solen står op, og hvorfra nattens mørke bliver drevet bort.

Så hvad betyder det at duens kro og dens fjer kastes øst for alteret?

Det symboliserer, at vi træder frem for Herren, som er lys, efter at vi har skilt os af med urenhederne i form af synder og ondskab ved at give brændofre til Gud. Som vi læser i Efeserbrevet 5:13: *"Men alting kommer for dagen, når det afsløres af lyset. For alt, hvad der kommer for dagen, er lys"*. Vi skiller os af med urenheder i form af synd og ondskab, og bliver Guds børn ved at komme frem for lyset. Derfor betyder det at skille sig af med urenhederne ved at kaste dem i øst, at vi, som er blevet levende til trods for vores åndelige urenhed, synder og ondskab, skal skille os af med synderne og blive Guds børn.

Gennem brændofre af tyre, lam, geder og fugle kan vi forstå Guds kærlighed og retfærdighed. Gud befaler os at foretage brændofre, fordi han vil, at israelitterne skal leve hvert øjeblik af deres liv i et direkte og intimt fællesskab med ham og til hver en tid give ham brændofre. Jeg håber, at du ved at huske på dette vil tilbede i ånd og sandhed, huske at holde Herrens dag hellig og give Gud den liflige duft af dit hjerte alle 365 dage om året. Så vil Gud overøse dig med fremgang og vidunderlige velsignelser hvor som helst, du går, for han har lovet os: *"Find din glæde i Herren, så giver han dig, hvad dit hjerte ønsker"* (Salmernes Bog 37:4).

Kapitel 4

Afgrødeofferet

"Når nogen vil bringe et afgrødeoffer som gave til Herren,
skal hans gave være fint mel,
og han skal hælde olie over det og komme røgelse på".

Tredje Mosebog 2:1

1. Afgrødeofferets betydning

I Tredje Mosebog 2 forklares det, hvordan afgrødeofferet skal gives til Gud, sådan at det er et levende og helligt offer, som han glæder sig over.

Som er står i Tredje Mosebog 2:1: *"Når nogen vil bringe et afgrødeoffer som gave til Herren, skal hans gave være fint mel"*. Et afgrødeoffer er et offer af fint mel, som gives til Gud. Der er tale om et offer i taknemmelighed overfor Gud, som har givet os livet og giver os det daglige brød. I nutidige termer betyder det, at der er tale om en gave, som gives under søndagsgudstjenesten i taknemmelighed over at Gud har beskyttet os i den forgangne uge.

Når der er tale om et syndoffer, er det nødvendigt at udgyde blod af dyr såsom tyre eller lam. Det skyldes, at syndernes tilgivelse gennem blodsudgydelse sikrer, at vores bønner når frem til Helligånden. Men et afgrødeoffer er et offer i taknemmelighed og kræver almindeligvis ikke blodsudgydelse. Det gives ofte sammen med et brændoffer. Folk gav Gud deres førstefrugter og andre gode ting fra det korn, de havde høstet, som tak for at han havde givet dem såsæd og mad, og beskyttet dem indtil høsttiden.

Mel blev normalt givet som afgrødeoffer. Der blev brugt fint mel, ovnbagte brød og friske aks, og alle ofre blev overhældt med olie og salt. Til sidst blev der tilført røgelse. Så blev en håndfuld af ofret brændt på ilden for at behage Gud med den liflige duft.

Vi læser i Anden Mosebog 40:29: *"Brændofferalteret anbragte han ved indgangen til Åbenbaringsteltets bolig, og han anbragte brændofferet og afgrødeofferet på det, sådan som Herren havde befalet Moses"*. Gud befalede, at når der blev givet et brændoffer, så skulle der også gives et afgrødeoffer på samme tid. Derfor kan vi kun udføre en fuldkommen åndelig Gudstjeneste, når vi giver ofre i taknemmelighed ved søndagsgudstjenesten.

Ordet "afgrødeoffer" har rod i ordene "offer" og "gave". Gud vil ikke have, at vi deltager tomhændede i gudstjenesterne uden at vise hjertets taknemmelighed i gerning ved at give gaver i taknemmelighed. Derfor siger han i Første Thessalonikerbrev 5:18: *"Sig tak under alle forhold; for dette er Guds vilje med jer i Kristus Jesus"*. Og i Matthæusevangeliet 6:21: *"For hvor din skat er, der vil dit hjerte også være"*.

Hvorfor skal vi være taknemmelige under alle forhold og give afgrødeofre til Gud? For det første gik hele menneskeheden på ødelæggelsens vej på grund af Adams ulydighed, men Gud gav os Jesus som soning for vores synder. Jesus har forløst os fra synden og gennem ham har vi fået det evige liv. Gud, som har skabt mennesket og alt i universet, er vores Fader, og vi har dermed magt som Guds børn. Han lader os opnå den evige Himmel, så hvordan kan vi gøre andet end at takke ham?

Gud giver os også solen og kontrollere regnen, vinden og selve klimaet, så vi kan høste i overflod og derigennem få vort daglige brød. Vi skal være taknemmelige. Desuden er det Gud, som beskytter hver af os fra denne verden, hvor synd, uretfærdighed, sygdom og ulykker er udbredte. Han besvarer de bønner, som fremsættes i tro, og han velsigner os til at leve et lev i triumf. Så hvad kan vi gøre andet end at takke ham!

2. Forskellige afgrødeofre

I Tredje Mosebog 2:1 siger Gud: *"Når nogen vil bringe et afgrødeoffer som gave til Herren, skal hans gave være fint mel, og han skal hælde olie over det og komme røgelse på".* Afgrødeofre til Gud skal gives af fint mel. Guds befaling om at melet skal være "fint" henviser til det hjerte, vi skal have, når vi ofre. Melet gennemgår en række processer for at blive fint, inklusiv afskalning, formaling og sigtning. Hver af disse processer kræver store anstrengelser og omhu. Mad, som bliver lavet med fint mel har en pæn farve, og den smager bedre.

Den åndelige betydning af Guds befaling vedrørende afgrødeofferet, der skal være af "fint mel" betyder, at Gud vil tage imod ofre, som bliver forberedt med stor omsorg og glæde. Han tager gladelig imod gaven, når vi demonstrerer hjertets taknemmelighed i gerning, og ikke kun siger tak med munden. Derfor må vi sikre os, at vi giver tiende og taknemmelighedsgaver af hjertets grund, sådan at Gud kan tage imod dem med glæde.

Gud er altings hersker og han befaler mennesket at give ham gaver, men det skyldes ikke, at han mangler noget. Han har kraft til at øge folks velstand eller tage deres egendele fra dem. Gud vil have gaver af os, sådan at han får mulighed for at velsigne os endnu mere gennem de ofre, vi giver til ham i tro og i kærlighed.

Som vi læser i Andet Korintherbrev 9:6: *"Den, der sår sparsomt, skal også høste sparsomt, og den, der sår rigeligt, skal også høste rigeligt".* Det er en lov i det åndelige rige, at man høster, som man sår. Så Gud lærer os, at vi skal give ham gaver i taknemmelighed, sådan at han kan velsigne os i endnu større overflod.

Når vi tror på dette og dermed giver gaver, må vi naturligvis give af hjertets grund, og ligesom vi ville give Gud vores fineste mel, må vi give ham det mest dyrebare, rene og pletfri, vi har.

Det "fine mel" henviser også til Jesu natur og hans liv, som i sig selv er fuldkomment. Det lærer os, at ligesom vi giver vores fineste mel med største omhu, må vi leve vores liv med arbejdsomhed og lydighed.

Når folk gav afgrødeofre af mel, blandede de melet med olie og bagte det i ovnen som fladbrød på en bageplade eller som almindeligt brød, og så brændte de det som offer på alteret. Afgrødeofferet blev givet på forskellig vis, hvilket henviser til at folk levede på forskellige vis og at deres grunde til at være taknemmelige var forskellige.

Med andre ord er det sådan, at ud over de takkegaver, vi altid giver om søndagen, så kan vi give takkegaver for velsignelser og svar, vi har modtaget; for at have overvundet fristelser og trængsler ved troen, osv. Men ligesom Gud befaler os at "give tak under alle forhold", må vi udsøge os grundene til at være taknemmelige og give takkegaver i overensstemmelse med dem. Første da vil Gud tage imod duften fra vores hjerter og sikre sig, at vi har rigelig med grunde til at være taknemmelige.

3. At give afgrødeofre

1) Afgrødeofre af fint mel med olie og røgelse.

Når man hælder olie på det fine mel, vil det blive til en dej, hvoraf man kan lave et fremragende brød, mens røgelse på brødet vil hæve hele ofrets kvalitet og fremtoning. Når det bringes hen til præsten, tager han en håndfuld af det fine mel, olien og røgelsen, og brænder det på alterets ild. Så udsendes der en liflig duft.

Hvilken betydning har det at hælde olie på melet?

Olien henviser her til dyrefedt eller harpiksolie, som er udvundet af planter. At blande det fine mel med olie betyder, at vi må give hele vores energi – hele vores liv – når vi ofrer til Gud. Når vi tilbeder Gud og giver ham gaver, sender han os Helligåndens inspiration og fylde og lader os lede vores liv i et direkte og nært fællesskab med ham. At "hælde olie på" symboliserer, at når vi giver noget til Gud, må vi give det af hele vores hjerte.

Hvad betyder det så at komme røgelse på offeret?

Vi læser i Romerbrevet 5:7: *"Der er næppe nogen, som vil gå i døden for en retfærdig; måske vil man vove livet for en, som er god".* Men Jesus døde for os i overensstemmelse med Guds vilje, selv om vi hverken er retfærdige eller gode, men derimod syndefulde. Så duften af Jesu kærlighed må have været liflig for Gud. Dermed ødelagte Jesus dødens autoritet, genopstod og satte sig ved Guds højre hånd, blev kongernes Konge og en uvurderligt duft for Gud.

I Efeserbrevet 5:2 opfordres vi til at *"vandre i kærlighed, ligesom Kristus elskede os og gav sig hen for os som en gave og et offer til Gud, en liflig duft"*. Da Jesus blev ofret til Gud som sonoffer, var det som om, han var et offer med røgelse. Derfor må vi ofre os selv som en liflig duft på samme måde som Jesus, for vi har allerede opnået Guds kærlighed.

At "komme røgelse på det fine mel" betyder, at ligesom Jesus forherligede Gud med en liflig duft gennem sin natur og sine gerninger, må vi leve ved Guds ord af hele vores hjerte og forherlige ham ved at udsende Kristi duft. Først når vi ofrer til Gud i taknemmelighed, mens vi udsender Kristi duft, vil vores ofre blive værdige til at Gud kan modtage dem.

2) Der tilsættes hverken surdej eller honning.

I Tredje Mosebog 2:11 står der: *"Intet afgrødeoffer, som I bringer Herren, må laves af syrnet brød, for I må ikke brænde noget af surdej eller honning som offer til Herren"*. Gud har befalet, at der ikke skal tilsættes surdej til det brød, der skal ofres til Gud, for ligesom surdejen syrner den dej, der er lavet af melet, vil den åndelige "surdej" ødelægge offergaven.

Den uforanderlige og fuldkomne Gud vil, at vores ofre skal være ufordærvede og at vi skal være som selve det fine mel af hjertets grund. Så når vi giver offergaver, må vi give dem med et uforanderligt og rent hjerte i taknemmelighed, kærlighed til Gud og tro på ham.

Nogle mennesker tænker på, hvordan de bliver opfattet af andre, når de giver takkegaver, og de gør det rent formelt. Andre giver med hjerter, der er fulde af sorg og bekymringer. Men ligesom Jesus advarede mod farisæernes surdej, som er hypokrati, vil vores hjerte være som et afgrødeoffer, der er besudlet af surdej og ikke har noget med Gud at gøre, hvis vi kun giver for at foregive at være hellige og for at opnå andres anerkendelse.

Så vi må give uden nogen surdej og af hjertets grund i kærlighed og taknemmelighed til Gud. Vi bør ikke give med beklagelse eller sorg og bekymringer uden tro. Derimod skal vi give rigeligt i fast tro på Gud, som vil tage imod vores offergaver og velsigne os i ånd og kød. For at lære os dette befaler Gud os, at vi skal ofre uden surdej.

Men der er tidspunkter, hvor Gud lader os ofre til ham med surdej. Disse ofre skal ikke brændes, men i stedet svinges frem og tilbage over alteret for at udtrykke, at der er tale om en gave til Gud. Derefter gives det tilbage til folket, som deler offeret og spiser det. Det kaldes et svingningsoffer, og i dette tilfælde er det modsat afgrødeofferet tilladt at tilsætte surdej, for proceduren er anderledes.

For eksempel vil troende mennesker ikke alene deltage i gudstjenester om søndagen, men også andre dage. Men når folk, som er nye i troen, kun deltager i søndagsgudstjenesten, og i den nattelange fredagsgudstjeneste og onsdagsgudstjenesten, vil Gud ikke anse deres adfærd for syndefuld. Med hensyn til procedurer, så har søndagsgudstjenesten en streng orden, mens proceduren for gudstjenester med cellemedlemmerne eller i menighedsmedlemmernes hjem kan tilpasses omstændighederne, selv om de følger en basal struktur der består af budskab, bøn og lovprisning. De ofre, der indeholder surdej, har den åndelige betydning, at Gud tillader en vis fleksibilitet afhængig af omstændighederne, bare man fastholder de basale og nødvendige regler.

Så hvorfor forbyder Gud at tilsætte honning?

Ligesom surdej kan honning ødelægge det fine mels egenskaber. Honning henviser her til en sød sirup, der fremstilles af saften fra dadlerne i Palæstina, og den kan let fermentere og rådne. Derfor forbøn Gud at ødelægge melet ved at tilsætte honning. Han fortæller os dermed, at når Guds børn tilbeder ham eller giver ham offergaver, så må vi gøre det med et fuldkomment hjerte, som ikke bedrager eller forandrer sig.

Man kan måske tro, at offergaven ville tage sig bedre ud, hvis man tilsatte honning. Men uanset hvordan tingene ser ud med menneskelige øjne, så foretrækker Gud at få det, han har befalet, og som mennesket har lovet at give ham. Nogle mennesker siger, at de vil give noget bestemt til Gud, men når deres omstændigheder forandres, skifter de mening og giver noget andet. Gud bryder sig ikke om at folk selv ændre mening med hensyn til noget, som han har befalet, eller at de skifter mening omkring noget, som de har lovet, for at opnå personlig vinding, når Helligåndens gerning er involveret. Så hvis et menneske lover at ofre et dyr, bør han gøre det, som der står i Tredje Mosebog 27:9-10: *"Drejer det sig om dyr af den slags, man må bringe som gave til Herren, skal alt det, man vil give Herren, være helligt. Man må ikke udskifte det eller bytte det, hverken et godt med et dårligt eller et dårligt med et godt. Bytter man alligevel et dyr med et andet, skal de begge, både det, der skulle ofres, og det, der er byttet med, være helliget".*

Gud vil, at vi skal give til ham med et rent hjerte – ikke alene når vi giver offergaver, men når som helst. Hvis der er tvivl eller bedrag i personens hjerte, vil adfærden væres uacceptabel for Gud på baggrund af disse karakteristika.

For eksempel ignorerede kong Saul Guds befalinger og ændrede dem efter forgodtbefindende. Som følge deraf var han ulydig overfor Gud. Gud havde befalet Saul at ødelægge Amaleks konge, dets folk og alle dets dyr. Men da Saul vandt krigen ved Guds kraft, fulgte han ikke Guds befalinger. Han skånede Amaleks konge Agag og de bedste dyr. Selv om kong Saul blev irettesat, angrede han ikke, men blev ved med at være ulydig, og til sidst blev han forsaget af Gud.

I Fjerde Mosebog 23:19 står der: *"Gud er ikke et menneske, så han lyver, et menneskebarn, så han angrer".* Hvis vi skal være i stand til at glæde Gud, må vores hjerter blive forandret, så de er rene. Uanset hvor godt noget kan synes for mennesket indenfor dets tænkemåde, må vi aldrig gøre noget, som Gud har forbudt, og dette må aldrig forandre sig med tidens gang. Når mennesket adlyder Guds vilje med et rent og uforanderligt hjerte, fryder Gud sig. Han tager imod vedkommendes offergaver og velsigner ham.

I Tredje Mosebog 2:12 står der: *"Som gave af førstegrøden kan I bringe det til Herren, men det må ikke komme op på alteret som liflig duft"*. Et offer må have en liflig duft, som Gud tager imod med glæde. Gud fortæller os her, at afgrødeofferet ikke må lægges på alteret kun for at afgive røg, men at det også skal udsende en duft. Formålet med vores afgrødeofre er ikke kun at udføre handlingen, men at give Gud duften af vores hjerte.

Uanset hvor mange gode ting der ofres, så vil de kun have en liflig duft for menneskene, men ikke for Gud, hvis ikke de ofres med den slags hjerte, der behager Gud. Det svarer til at forældre vil glæde sig over at få en gave af deres børn, hvis den gives af et hjerte fuldt af taknemmelighed og kærlighed over, at forældrene har født og opdraget dem i kærlighed, men ikke hvis gaven gives som en ren formalitet.

På samme måde ønsker Gud ikke, at vi skal give rent vanemæssigt og for at sikre os, at vi har gjort vores pligt. I stedet skal vi give af et hjerte, som udsender en liflig duft med tro, håb og kærlighed.

3) Tilsæt salt.

Vi læser i Tredje Mosebog 2:13: *"Alle dine afgrødeofre skal du salte; du må aldrig lade dit afgrødeoffer mangle din Guds pagts salt; sammen med alle dine gaver skal du bringe salt".*

Saltet blander sig med maden og forhindre den i at fordærves. Desuden givet det maden smag.

At salte betyder rent åndeligt at skabe fred. Ligesom saltet skal smelte ned i maden og give smag, kræver det et vist offer af os at spille saltets rolle og skabe fred. Så når Gud befaler, at afgrødeofferet skal saltes, betyder det, at vi skal give offergaver til Gud ved at ofre os selv for at skabe fred.

For at gøre det, må vi først tage imod Jesus Kristus og være i fred med Gud ved at kæmpe til blodet flyder for at skille os af med synder, ondskab, lyst og det gamle selv.

Lad os antage, at et menneske synder med vilje, hvilket er afskyeligt for Gud, og så giver en offergave til Gud uden at angre sine synder. Gud kan ikke tage imod dette offer med glæde, for freden mellem Gud og giveren er allerede blevet brudt. Derfor står der i Salmernes Bog: *"Havde jeg haft ondt i sinde, ville Herren ikke have hørt mig"* (Salmernes Bog 66:18). Gud tager gladelig imod både vores bønner og vores offergaver, når vi har omvendt os fra synden og er i fred med ham, idet vi giver offergaven.

At være i fred med Gud kræver, at man ofrer sig selv til døden. Som apostelen Paulus sagde: "Hver dag dør jeg". Det er først, når et menneske benægter sig selv og slår sit "selv" ihjel, at han kan være i fred med Gud.

Vi må også være i fred med vores brødre og søstre i troen. Jesus siger i Matthæusevangeliet 5:23-24: *"Når du derfor bringer din gave til alteret og dér kommer i tanker om, at din bror har noget imod dig, så lad din gave blive ved alteret og gå først hen og forlig dig med din broder; så kan du komme og bringe din gave"*. Gud glæder sig ikke over en gave, hvis vi synder, handler med ondskab eller plager vores brødre og søstre i Kristus.

Selv om en broder har handlet ondt imod os, må vi ikke lægge ham for had eller beklage os overfor ham, men i stedet tilgive ham og søge at være i fred med ham. Uanset årsagen skal vi ikke ligge i strid og diskutere med ham, skade ham eller bringe ham til fald. Først når vi er i fred med alle mennesker og vores hjerter er fulde af Helligånden, glæden og taknemmeligheden, vil vores offergaver være "saltet".

Guds befaling om at salte har en central betydning i pagten, som vi ser af udtrykket "Guds pagts salt". Saltet udvindes af havvandet, og vandet står for Guds ord. Ligesom salt altid har en bestemt smag, vil Guds ord i pagten altid være uforanderligt.

Så at "salte" offergaverne betyder, at vi må stole på den uforanderlige pagt, som vi har med vores trofaste Gud, og give ham af hjertets grund. Når vi giver offergaver i taknemmelighed, må vi tro på at Gud med sikkerhed vil gengælde os og velsigne os i 30, 60 og 100 fold.

Nogle mennesker siger: "Jeg vil ikke give i forventning om at få velsignelser, men fordi det er rigtigt at give". Men Gud er mere tilfreds med troen hos de mennesker, som ydmygt søger hans velsignelser. I Hebræerbrevet 11 står der, at da Moses forsagede sin position som prins i Egypten, fordi han havde "lønnen for øje", dvs. forventning om Guds belønning. Vores Jesus, som også havde lønnen for øje, udholdt korsets skam. Ved at se frem til den store frugt, som ville komme, nemlig Guds herlighed og menneskehedens frelse, kunne Jesus let udholde korsets grusomme straf.

Naturligvis har man "lønnen for øje", men det er fuldkommen anderledes end at have et beregnende hjerte, som forventer at få noget til gengæld, når som helst man giver. Selv om der ikke er nogen belønning, vil et menneske, som elsker Gud, være forberedt på at opgive livet. Men hvis vi forstår vor Fader Guds hjerte, og hans ønske om at velsigne os, når vi tror på Guds kraft, vil vores gerninger glæde Gud endnu mere. Gud har lovet at mennesket skal høste, som det sår, og at han vil give dem, som søger. Gud glæder sig over vores offergaver i troen på hans ord, og over den tro, hvormed vi beder om hans velsignelser i overensstemmelse med hans løfte.

4) Det, der er tilovers af afgrødeofferet, skal tilfalde Aron og hans sønner.

Mens brændofferet blev ofret fuldkommen i ilden på alteret, var det kun en del af det afgrødeoffer, som blev bragt hen til præsterne, der blev givet til Gud på alterets ild. Det betyder, at selv om vi skal give os fuldt ud til Gud under de forskellige gudstjenester, så bliver takofferet – afgrødeofferet – givet med henblik på at blive brugt til gavn for Guds rige og retfærdighed, og de kan bruges af præsterne, som er Guds tjenere, og af kirkens medarbejdere. Som der står i Galaterbrevet 6:6: *"Den, der undervises i ordet, skal dele alt godt med den, der underviser"*. Når kirkens medlemmer, som har modtaget Guds nåde, ofrer i taknemmelighed, skal de dele deres gaver med Guds tjenere, som underviser i ordet.

Afgrødeofrene gives til Gud sammen med brændofrene, og tjener som en eksempel på det liv i tjeneste, som Kristus førte. Derfor må vi give gaver i troen af hele vort hjerte. Jeg håber, læserne vil tilbede på en passende måde i overensstemmelse med Guds vilje, og modtage velsignelser i overflod dag efter dag ved at ofre med en liflig duft, som behager Gud.

Kapitel 5

Måltidsofferet

"Hvis den gave, han bringer, er et måltidsoffer,
og hvis den tages fra hornkvæget,
skal det været et lydefrit handyr eller hundyr,
han ofrer for Herrens ansigt".

Tredje Mosebog 3:1

1. Måltidsofferets betydning

I Tredje Mosebog kapitel 3 finder vi lovene omkring måltidsofferet. Et måltidsoffer består i at dræbe et lydefrit dyr, stænke dets blod rundt om alterets sider, og ofre dets fedt i ilden på alteret for at det skal udsende en liflig duft for Gud. Procedurerne for måltidsofferet minder om dem for brændofferet, men der er også forskelle. Nogle mennesker misforstår formålet med måltidsofrene og tror, at de tjener til at opnå syndernes tilgivelse. Men det er det primære formål med skyldofferet og syndofferet.

Et måltidsoffer har til formål at bringe os i fred med Gud; folk udtrykker deres taknemmelighed og giver Gud løfter og frivillige gaver. De gives separat af mennesker, som er blevet tilgivet deres synder gennem syndofferet og brændofferet, og som har et direkte og nært fællesskab med Gud. Måltidsofferets formål er at skabe fred med Gud, sådan at man stoler fuldkommen på Gud på ethvert område af livet.

Afgrødeofferet i Tredje Mosebog 2 anses for en takkegave, dvs. en konventionel gave som gives i taknemmelighed overfor Gud, der har frelst os, beskyttet os og som giver os vor daglige brød, og det er anderledes end måltidsofrene og den taknemmelighed, de udtrykker. Udover de takkegaver, vi giver om søndagen, giver vi særskilte gaver i taknemmelighed, når der er andre særlige grund til at være taknemmelig. Frivillige gaver, som gives for at behage Gud, er en form for måltidsofre, og de gives for at gøre os hellige, sådan at vi kan leve ved Guds ord og han vil give os det, som vi ønsker af hjertet.

Måltidsofrene har forskellige betydninger. Det mest grundlæggende formål er at være i fred med Gud. Når først vi er i fred med Gud, giver han os styrke, hvormed vi kan leve ved sandheden, og så giver han os svar på vores hjertes ønsker og nåde, sådan at vi kan holde de løfter, vi giver ham.

Som der står i Første Johannesbrev 3:21-22: *"Mine kære, hvis vort hjerte ikke fordømmer os, har vi frimodighed over for Gud, og hvad vi end beder om, får vi af ham, fordi vi holder hans bud og gør det, som behager ham".* Når vi har frimodighed overfor Gud, fordi vi lever i overensstemmelse med sandheden, vil vi være i fred med ham og opleve hans gerning når som helst, vi beder ham om noget. Hvis vi desuden behager ham med særlige offergaver, hvor meget hurtigere vil han så ikke besvare vores bønner og velsigne os?

Derfor er det afgørende, at vi har en korrekte forståelse af betydningen af afgrødeofferet og måltidsofferet, og at vi skelner mellem de to typer af ofre, sådan at Gud kan modtage vores offergaver med glæde.

2. Forskellige måltidsofre

Gud fortæller os i Tredje Mosebog 3:1: *"Hvis den gave, han bringer, er et måltidsoffer, og hvis den tages fra hornkvæget, skal det være et lydefrit handyr eller hundyr, han ofrer for*

Herrens ansigt". Uanset om måltidsofferet er et lam eller en ged, handyr eller hundyr, skal det være lydefrit (Tredje Mosebog 3:6, 12).

Brændofferet skulle være et lydefrit handyr, en tyr eller et lam. Det skyldes, at det perfekte brændoffer i den åndelige gudstjeneste symboliserer Jesus Kristus, den pletfri søn af Gud.

Men når vi giver Gud et måltidsoffer for at være i fred med ham, er der ikke noget behov for at skelne mellem handyr og hundyr, så længe dyret er uden defekt. Der er ingen forskel på handyr og hundyr i forhold til måltidsofre, som der står i Romerbrevet 5:1: *"Da vi nu er blevet gjort retfærdige af tro, har vi fred med Gud ved vor Herre Jesus Kristus"*. Når vi opnår fred med Gud gennem Jesu blod på korset, er der ikke nogen forskel mellem handyr og hundyr.

Gud befaler, at offerdyret skal være "lydefrit". Han vil, at vi skal give til ham med en fuldkommen ånd, og med samme hjerte som et smukt barn. Vi må hverken give med modvilje eller for at søge andres anerkendelse, men kun frivilligt og med tro. Det giver kun mening at give et lydefrit offer, når vi ofrer i taknemmelighed for frelsens nåde. Dette offer gives til Gud, for at vi skal sætte vores lid til ham på alle områder af vores liv, for at han vil være med os og beskytte os til hver en tid, og sådan at vi vil leve i overensstemmelse med hans vilje, så gaven skal være den bedste, vi kan give, og den skal foræres med største omhu og af hjertets grund.

Når vi sammenligner brændofferet og måltidsofferet, er der nogle interessante ting, vi skal lægge mærke til: F.eks. inkluderer sidstnævnte ikke duer. Hvorfor mon det? Uanset hvor fattig et menneske måtte være, så var det nødvendigt at give brændofre, og derfor tillod Gud, at der blev givet duer, som havde en meget lille værdi.

Hvis eksempelvis en nybegynder i livet i Kristus har svag tro og kun deltager i søndagsgudstjenesten, så anser Gud det for at være vedkommendes brændoffer. Et brændoffer gives af de troende, som fuldt ud lever ved Guds ord, opretholder et direkte og nært fællesskab med Gud og tilbeder i ånd og sandhed, men når der er tale om en ny troende, som kun holder Herrens dag hellig, vil Gud anse det som et offer af en due, der har lille værdi som brændoffer, og føre vedkommende videre i troen til frelse.

Et måltidsoffer er dog ikke et påbudt offer, men derimod et frivilligt. Det gives til Gud for at få svar og velsignelser ved at behage ham. Hvis der gives en due af lav værdi, mister offeret dets mening og formål som en særlig offergave, og derfor er det ikke muligt at give duer.

Lad os antage at et menneske ønsker at give en offergave for at holde en ed eller et løfte, eller for at blive helbredt af Gud for en uhelbredelig, dødelig sygdom. Med hvilket hjerte skal denne offergave gives? Den vil blive forberedt med endnu større omhu end de takkegaver, som gives på regelmæssig basis. Gud vil blive yderst tilfreds, når vi ofre en tyrekalv eller en ko, et lam eller end ged, alt efter de personlige omstændigheder, men en due er for ubetydelig til at udgøre et passende offer.

Det betyder naturligvis ikke, at værdien af offeret kun afhænger af det økonomiske aspekt. Når et menneske forbereder en offergave af hjertets grund og med største omhu i overensstemmelse med vedkommendes omstændigheder, vil Gud værdsætte værdien af offergaven på baggrund af den åndelige duft, det indeholder.

3. At give måltidsofre

1) Hånden lægges på offerdyrets hoved og det slagtes ved indgangen til Åbenbaringsteltet.

Hvis et menneske bringer et offerdyr hen til indgangen til Åbenbaringsteltet og lægger hånden på dets hoved, så påfører han dyret sine synder. Når nogen giver et måltidsoffer og lægger hånden på offerdyrets hoved, så viser han at dette dyr skal gives til Gud, og dermed salver han det.

Hvis de offerdyr, vi lægger hænderne på, skal blive ofre, som behager Gud, må vi ikke bestemme offerets størrelse med vores kødelige tanker, men i stedet efter Helligåndens inspiration. Kun disse ofre vil blive modtaget med glæde af Gud, for de er blevet salvet.

Når giveren har lagt sine hænder på offerdyrets hoved, dræber han offeret ved indgangen til Åbenbaringsteltet. På gammeltestamentlig tid var det kun præsterne, som kunne komme ind i helligdommen, så folk måtte dræbe offerdyrene ved indgangen til Åbenbaringsteltet. Men den mur af synd, som har adskilt os fra Gud, er blevet ødelagt af Jesus Kristus, så nu om stunder kan vi komme ind i helligdommen, tilbede Gud og have et direkte og nært fællesskab med ham.

2) Præsterne, Arons sønner, stænker blodet rundt om alteret.

I Tredje Mosebog 17:11 står der: *"For kødets liv er blodet, og det har jeg givet jer til at komme på alteret for at skaffe soning for jer; det er blodet, der skaffer soning, fordi det er livet".* Og i Hebræerbrevet 9:22 står der også: *"Ja, efter loven bliver næsten alt renset med blod, og der findes ingen tilgivelse sted, uden at der udgydes blod".* Dette minder os om, at det kun er ved blodet, at vi kan blive renset. Når vi giver måltidsofre til Gud for at have et direkte og nært åndeligt fællesskab med ham, er det nødvendigt at stænke blod, fordi vi, som har et svækket forhold til Gud, ikke kan være i fred med ham uden gerningen ved Jesu Kristi blod.

Præsterne stænker blod rundt om alteret hvilket betyder, at hvor vi end kommer og hvilke omstændigheder vi end befinder os under, vil vi være i fred med Gud. Blodet stænkes for at symbolisere, at Gud altid vil være med os, gå med os, beskytte os og velsigne os, uanset hvor vi er, hvad vi gør, og hvem vi er sammen med.

3) Af måltidsofferet bringes et offer til Herren, det skal brændes på alteret.

I Tredje Mosebog 3 beskrives den metode, hvormed man kan ofre ikke alene tyre, men lam eller geder som måltidsofre. Da metoderne minder meget om hinanden, vil vi fokusere på ofringen af tyre. Hvis man sammenligner måltidsofre med brændofre, har vi allerede set, at ved brændofferet gives alle dele af det flåede dyr til Gud på alteret. Betydningen af brændofferet er den åndelige gudstjeneste, som givet fuldt ud til Gud, ligesom hele dyret blev brændt.

Men ved måltidsofret er det ikke alle dele af dyret, som gives. Som vi læser i Tredje Mosebog 3:3-4: *"Det skal være det fedt, der dækker indvoldene, og alt fedtet på indvoldene, de to nyrer og fedtet, som sidder på dem ved lændemusklerne, og leverlappen, som han skal skære af sammen med nyrerne".* Det fedt, der dækker de vigtige dele af dyrets indvolde, skal ofres til Gud som en liflig duft. Det at give fedtet fra de forskellige dele af dyret betyder, at vi må være i fred med Gud hvor som helst vi er, og hvilke som helst omstændigheder vi befinder os under.

At være i fred med Gud kræver også, at vi er i fred med alle mennesker omkring os og søger at være hellige. Først når vi er i fred med alle, kan vi være fuldkomne børn af Gud (Matthæusevangeliet 5:46-48).

Når det fedt fra offerdyret, der skal gives til Gud, er blevet skåret af, skal der tages en andel til præsterne. Vi læser i Tredje Mosebog 7:34: *"Svingnings-bryststykket og afgifts-lårstykket tager jeg af israelitternes måltidsofre og giver til præsterne Aron og hans sønner".* Ligesom en andel af afgrødeofferet blev givet til præsterne, er der også en del af det måltidsoffer, folket giver til Gud, som gives til præsterne og levitterne, der tjener både Gud og hans folk.

Det samme gælder her i nytestamentlig tid. Gennem de ofre,

de troende giver til Gud, opretholdes Guds arbejde for sjælenes frelse og en del bruges som levebrød for Herrens tjenere og kirkens medarbejdere. Når Guds og præsternes andel er blevet fjernet, bliver resten fortæret at det menneske, der har givet offeret. Dette er et enestående karakteristika ved måltidsofferet. Det, at giveren indtager offeret betyder, at Gud viser, at han har været tilfreds med offeret og vil belønne det med velsignelser.

4. Loven om fedt og blod

Når et dyr blev dræbt for at blive ofret til Gud, stænkede præsterne dets blod rundt om alteret. De anså alt fedtet for at være helligt og ofrede det på alterets ild som en liflig duft, der behagede Gud. På gammeltestamentlig tid spiste folk ikke noget fedt eller blod, for både fedt og blod er relateret til livet selv. Blodet repræsenterer kødets liv, og fedtet, som er kroppens essens, står for det samme liv. Fedtet hjælper alting med at fungere glat, og understøtter livets aktiviteter.

Så hvad er den åndelige betydning af fedt?
Den primære betydning af fedtet er den yderste omhu, som er kendetegnende for et fuldkomment hjerte. Når man giver fedt som offer på alterets ild betyder det, at vi giver Gud alt det, vi har, og alt det, vi er. Det henviser til den yderste omhu og det fuldkomne hjerte, der giver offergaver, som er værdige til at Gud kan modtage dem. Formålet med takkegaverne på alteret er at

skabe fred ved at behage Gud, og det er vigtigt at hellige sig Gud. Men det er endnu mere vigtigt at have det rette hjerte og den rette omhu, når offeret gives. Hvis et menneske, som har handlet forkert overfor Gud, foretager et offer for at være i fred med ham, skal dette offer foretages med største hengivenhed og med et fuldkomment hjerte.

Syndernes tilgivelse kræver naturligvis at man giver synd- eller skyldofre. Men til tider har man højere forhåbninger end bare det at opnå tilgivelse, og man håber i stedet at opnå sand fred med Gud ved at glæde ham. Hvis for eksempel et barn har gjort noget forkert og dermed såret sin far, vil der være forskel på, om barnet kun siger "undskyld" og bliver tilgivet, eller om det anstrenger sig for at gøre det godt igen. I det sidste tilfælde vil farens hjerte smelte, og der vil blive skabt sand fred mellem de to.

Desuden henviser fedtet til bøn og Helligåndens fylde. I Matthæusevangeliet 25 var der fem fornuftige brudepiger, som tog olie i flasker med til deres lamper, og fem tåbelige brudepiger, som ikke tog olie med sig, og som derfor ikke kom med til brylluppet. Olien henviser her i åndelig betydning til bøn og Helligåndens fylde. Der er først, når vi opnår Helligåndens fylde gennem bøn og er årvågne, at vi kan undgå at blive besudlet af verdslig lyst. Så kan vi vente på vor Herre, brudgommen, efter at have smykket os som smukke brude.

Bøn må ledsages af måltidsofre til Gud for at behage ham, så han besvarer bønnerne. Bønnen må ikke være en ren formalitet; den skal gives af hele vort hjerte og med alt, vi har, og alt, vi er, ligesom Jesu sved blev til bloddråber, der faldt til jorden, da han bad i Getsemanes have. Alle som beder på denne måde, vil med sikkerhed skille sig af med synden, blive hellige, og få Helligåndens inspiration og fylde. Når et sådant menneske giver Gud et måltidsoffer, vil det blive modtaget med glæde, og bønnen vil hurtigt blive besvaret.

Et måltidsoffer gives til Gud i fuldkommen tillid til, at vi dermed kan føre værdifulde liv i hans selskab og under hans beskyttelse. Når vi er i fred med Gud, skal vi omvende os fra de veje, som ikke er til glæde for ham; vi må give offergaver til ham af hjertets grund og med glæde, og opnå Helligåndens fylde gennem bøn. Så vil vi være fulde af håb om Himlen og føre triumferende liv ved at være i fred med Gud. Jeg håber, at alle læserne altid vil opnå Guds svar og velsignelser ved at bede i Helligåndens inspiration og fylde af hjertets grund, og give måltidsofre, som glæder Gud.

Kapitel 6

Syndofferet

"Når nogen uforsætligt synder mod noget som helst
af Herrens bud, som ikke må overtrædes,
og overtræder et af dem, gælder følgende:
Hvis det er den salvede præst, der synder,
så han påfører folket skyld,
skal han på grund af den synd, han har begået,
bringe Herren en lydefri tyrekalv som syndoffer".

Tredje Mosebog 4:2-3

1. Syndofferets betydning og typer

Ved vor tro på Jesus Kristus og hans blods gerning er vi blevet frigivet for alle vore synder og har opnået frelsen. Men hvis vores tro skal anerkendes som sand, må vi ikke kun bekende vores tro med læberne, men derimod demonstrere den i gerning og sandhed. Når vi viser beviset for vores tro i form af troens gerninger, som Gud anerkender, vil han se denne tro og tilgive os vores synder.

Hvordan kan vi få tilgivelse for vores synder gennem troen? Ethvert barn af Gud må altid gå i lyset og undlade at synde. Men hvis der er en mur, som står mellem Gud og den troende, som har syndet, fordi han endnu ikke er perfekt, så har han brug for at vide, hvordan han løser problemet. Løsningen findes i Guds ord angående syndofre.

Syndofferet er, som vi læser, et offer der gives til Guds som soning for de synder, vi har begået i løbet af vores liv, og metoden variere alt efter vores gudgivne pligter og det individuelle mål af tro. I Tredje Mosebog 4 diskuteres de syndofre, som skal gives af en salvet præst, af hele menigheden, af en fyrste og af almindelig menneskar.

2. En salvet præsts syndoffer

Gud siger til Moses i Tredje Mosebog 4:2-3: *"Sig til israelitterne: Når nogen uforsætligt synder mod noget som helst af Herrens bud, som ikke må overtrædes, og overtræder et af dem, gælder følgende: Hvis det er en salvet præst, der synder, så han påfører folket skyld, skal han på grund af den synd, han har begået, bringe Herren en lydefri tyrekalv som syndoffer".*

Israelitterne henviser her i åndelig forstand til Gud børn. Det at "nogen uforsætligt synder mod noget som helst af Herrens bud, som ikke må overtrædes, og overtræder et af dem" sker når som helst Gud lov, som er optegnet i Bibelens 66 bøger, bliver overtrådt.

Når en præst, eller i nutidige termer en pastor, som underviser i Guds ord, bryder Guds lov, så kan denne synd påvirke hele folket. Da han skal lære flokken at leve i overensstemmelse med sandheden, er hans synd alvorlig; selv om han har begået den uforsætligt, er det ikke desto mindre pinligt at en pastor forbryder sig mod Guds vilje.

Hvis for eksempel en pastor lærer flokken noget, som ikke er korrekt, vil folk tro hans ord og forbryde sig mod Guds vilje, og så vil hele kirken bygge en mur af synd, som skiller dem fra Gud. Han har sagt, at vi skal "være hellige", at vi skal "afholde os fra alt ondt" og "bede uden ophør". Så hvad vil der ske, hvis en pastor siger: "Jesus har forløst os fra alle vore synder, så hvis vi bare går i kirke, vil alt være i orden"? Som Jesus siger i Matthæusevangeliet 15:14: *"Når en blind leder en blind, falder de begge i grøften". Syndens løn for denne pastor vil være stor, for både pastoren og flokken vil bevæge sig bort fra Gud. Hvis en præst synder "så han påfører folket synd",* må han give Gud et syndoffer.

1) En lydefri tyrekalv som syndoffer.

Når en salvet præst synder og "påfører folket synd", må han vide, at syndens løn er stor. I Første Samuelsbog 2-4 ser vi, hvad der sker med præsten Elis synder, da de begik den synd at tage de ofre til sig selv, som var blevet givet til Gud. Da Israel tabte krigen mod filistrene, blev Elis sønner dræbt, og 30.000 af Israels fodsoldater mistede livet. Da Guds ark blev stjålet, måtte hele Israel lide.

Derfor skulle soningsofferet være det mest værdifulde af dem alle: en lydefri tyrekalv. Blandt alle offergaver bliver Gud mest glad for tyrekalve og handyr af lam, og det er tyrekalvene, som har størst værdi. Præsterne kan ikke ofre en hvilken som helst tyrekalv som syndoffer, man kun én, som er lydefri. Dette betyder rent åndeligt at offeret ikke kan gives modvilligt eller uden glæde; ethvert offer må gives som et helt, levende offer.

2) At give syndoffer.

Præsten bringer den tyrekalv, der skal gives som syndoffer til Herren, hen til indgangen af Åbenbaringsteltet. Han lægger sine hænder på den, slagter den, tager noget af dens blod ind i Åbenbaringsteltet, dypper fingeren i blodet og stænker det syv gange for Herrens ansigt på helligdommens forhæng (Tredje Mosebog 4:4-6). At lægge hænderne på dyrets hoved symboliserer, at menneskets synder påføres dyret. Det menneske, som har begået synden, burde underlægge sig døden, men ved at lægge hånden på offerdyrets hoved kan vedkommende blive tilgivet sine synder, fordi dyret, som er pålagt synden, slagtes i hans sted.

Så tager præsten noget af blodet, dypper fingeren i det og stænker det på helligdommens forhæng inde i Åbenbaringsteltet. Forhænget er det tykke gardin, som adskiller det Hellige fra det Allerhelligste. Ofringerne foretages generelt ikke inde i helligdommen, men på alteret i gården. I dette tilfælde går præsten dog ind i helligdommen med blodet fra syndofferet og stænker det på helligdommens forhæng, som er indgangen til det Allerhelligste, hvor Gud har bolig.

At dyppe fingeren i blodet symboliserer at bede om tilgivelse. Det betyder, at man ikke kun angrer med munden eller med løfter, men også bærer angerens frugt ved rent faktisk at skille sig af med synder og ondskab. Præsten dypper fingeren i blodet og stænker det syv gange på forhænget. Syv er det fuldkomne nummer i det åndelige rige. Det betyder, at man skiller sig fuldkommen af med synderne. Man kan først få fuldkommen tilgivelse, når man har skillet sig helt af med synderne og ikke synder igen.

Præsten stryger også noget af blodet på røgelsesofferalterets horn for Herrens ansigt i Åbenbaringsteltet, og hælder resten ud ved brændofferalterets sokkel ved indgangen til Åbenbaringsteltet (Tredje Mosebog 4:7). Røgelsesofferalteret er et alter, som er beregnet til at brænde røgelse. Når røgelsen blev antændt, tog Gud imod den. Horn repræsenterer desuden en konge og hans værdighed og magt i Bibelen; det henviser til vor konge Gud (Johannesåbenbaringen 5:6). At stryge blod på røgelsesofferalterets horn er et tegn på, at offeret er blevet modtaget af Gud vor Konge.

Så hvordan kan vi nu om stunder angre på en måde, som Gud vil tage imod? Det er blevet nævnt, at man skiller sig af med synd og ondskab ved at dyppe fingeren i syndofferets blod og stænke med det. Når vi har reflekteret over vores synder og angret dem, må vi tage hen i kirken og bekende synden i bøn. Ligesom blodet fra offeret blev smurt på hornet for at Gud skulle tage imod det, må vi træde frem for vor Gud Konge og bede til ham i anger. Vi skal tage i kirke, knæle og bede i Jesu Kristi navn ved Helligåndens gerning, for det vil lade angerens ånd komme over os.

Det betyder ikke, at vi først skal angre, når vi kommer i kirke. Når vi indser, at vi har handlet forkert overfor Gud, må vi straks angre og omvende os. Og så tager vi i kirke og angrer på søgnedagen, Herrens dag.

Det var kun de salvede præster, som kunne kommunikere med Gud på gammeltestamentlig tid, men i dag, hvor Helligånden har taget bolig i vores hjerter, kan vi bede til Gud og have et direkte og nært fællesskab med ham gennem Helligåndens gerning. Vores bøn i anger kan også gennemføres ved hjælp af Helligåndens gerning. Men husk at al bøn fuldendes ved at holde Herrens dag hellig.

Et menneske, som ikke holder Herrens dag hellig, har ikke noget bevis for, at han er et åndeligt barn af Gud, og han kan ikke blive tilgivet sine synder, selv om han beder i anger. Angerens accepteres utvivlsomt kun af Gud, når man både beder i anger idet man har indset sin syn, og derefter formelt at beder i anger foran Gud i kirken på Herrens dag.

Når blodet er blevet strøget på røgelsesofferalterets horn,

hældes resten af det ud ved brændofferalterets sokkel. Alt blodet, som er offerets liv, gives til Gud, og det betyder rent åndeligt, at vi angrer med et fuldkomment hengivent hjerte. Vi skal angre foran Gud af hele vort hjerte og sind, og med den største og mest oprigtige anstrengelse, hvis vi skal opnå syndernes tilgivelse. Enhver, som har angret i sandhed overfor Gud, vil ikke vove at begå den samme synd igen.

Derefter fjerner præsten al fedtet fra den ofrede tyrekalv og giver det på alteret som brændoffer. Der er tale om samme procedure som med måltidsofferet. Hele resten af tyren skal præsten bringe uden for lejren til affaldspladsen for fedtasken og brænde den på et bål; både hoved, ben og indvolde (Tredje Mosebog 4:8-12). At ofre noget på at bål henviser til sandheden, dvs. selvet ødelægges og kun sandheden bliver tilbage.

Ligesom fedtet fjernes fra måltidsofferet, bliver det også fjernet fra syndofferet og givet gennem alterets ild. Offeret af fedtet fra tyrekalven betyder, at når vi angrer af hele vores hjerte, sind og inderligste vilje, tager Gud imod angeren.

Mens alle dele af brændofferet blev givet på alterets ild, var det sådan for syndofferet, at alle dele undtagen fedtet og nyrerne blev brændt på et bål udenfor lejren, på affaldspladsen for fedtasken. Hvorfor var det sådan?

Et brændoffer er en åndelig gudstjeneste, som har til formål at behage Gud og at opnå fællesskab med ham, så det gives på alterets ild i templet. Men da et syndoffer gives for at forløse os fra urene synder, kan det ikke gives på alteret inden i templet, så det bliver brændt på et sted, der ligger langt fra, hvor folk bor.

Selv i dag bør vi stræbe efter at skille os fuldkommen af med de synder, som vi angrer overfor Gud. Vi må bruge Helligåndens ild til at brænde vores arrogance, stolthed, det gamle verdslige selv, den syndefulde krops gerninger, som er upassende i Guds øjne og lignende. Det offer, der gives på ilden, dvs. tyren, er blevet pålagt synderne fra den person, som har lagt hånden på dens hoved. Derfor må vedkommende fra da af blive et levende offer, som glæder Gud.

Så hvad skal vi gøre i dag for at opnå det samme?

Den åndelige betydning af de fælles karakteristika hos offerdyret og hos Jesus, som døde på korset for at forløse os fra vores synder, er allerede blevet forklaret. Så hvis vi har angret og brændt alle dele af offeret, skal vi fremover forandre os som et offer til Gud på samme måde som vores Herren, der blev et syndoffer. Når vi flittigt tjener kirkens medlemmer på Herrens vegne, kan vi bære de troendes tunge byrder og vise dem sandheden og de gode ting. Vi hengiver os til at hjælpe kirkens medlemmer med at kultivere deres hjertes jord med tårer, udholdenhed og bøn, og vi må forandre vores brødre og søstre til sande, hellige børn af Gud. Så vil Gud anse vores anger for sand og føre os på vejen til velsignelser.

Som der står i Første Petersbrev 2:9: *"Men I er en udvalgt slægt, et kongeligt præsteskab, et helligt folk, et ejendomsfolk".* Selv om vi ikke alle er pastorer, så må alle vi, som tror på Herren, være fuldkomne som præster og blive Guds sande børn.

Når man soner sin synder, skal man desuden give en offergave til Gud som ledsagelse af angeren. Enhver, som fortryder sine fejl dybt, vil helt naturligt blive ledt til at give offergaver, og når disse gaver ledsages af det rette hjerte, kan det anses for en fuldkommen anger overfor Gud.

3. Hele menighedens syndoffer

> "Hvis det er hele Israels menighed, der synder uforsætligt, uden at forsamlingen ved det, og overtræder et af Herrens bud, som ikke må overtrædes, så de pådrager sig skyld, og det så sker, at den synd, de har begået, bliver kendt, så skal forsamlingen bringe en tyrekalv som syndoffer. De skal bringe den hen til Åbenbaringsteltet" (Tredje Mosebog 4:13-14).

I nutidige termer henviser "hele menighedens synd" til syndig adfærd hos en hel kirke. For eksempel kan der til tider opstå kliker blandt pastorerne, de ældre, seniordiakonisserne eller hele menigheden. Hvis først der er dannet kliker, vil der også opstå diskussioner, og så vil hele kirken synde og skabe en mur af synd, som skiller dem fra Gud, idet de fleste af medlemmerne lader sig forlede af diskussioner, taler ondt om hinanden eller bærer nag overfor hinanden.

Gud har sagt, at vi skal elske vores fjender, tjene hinanden, ydmyge os, være i fred med alle og søge helligheden. Så hvor vil det være flovt og beklageligt for Gud, hvis Herrens tjenere og deres flok ligger i strid med andre brødre og søstre i Kristus! Hvis det finder sted i en kirke, vil den ikke være under Guds beskyttelse; der vil ikke være nogen vækkelse og dens medlemmer vil opleve vanskeligheder både hjemme og på arbejdspladsen.

Hvordan kan vi få tilgivelse for hele menighedens synd? Når hele menighedens synd bliver kendt, skal der bringes en tyr til Åbenbaringsteltet. Så lægger de ældste deres hænder på offerdyrets hoved, dræber det for Herren og ofre det til Gud på samme måde som præsterne foretager syndofferet. Dette offer er identisk med hensyn til værdi, ligegyldigt om det er præsterne eller hele menigheden, der ofrer. Det betyder, at i Guds øjne er vægten af hele menighedens synd den samme som vægten af præsternes synd.

Men præsternes syndoffer skal være en lydefri tyrekalv, og dele menighedens offer skal kun være en almindelig tyrekalv. Det skyldes, at det er vanskeligt for hele menigheden at ofre med samme hjerte i glæde og taknemmelighed.

Når en kirke som helhed synder og ønsker at angre, er det muligt, at der blandt dens medlemmer er folk, som kun har ringe tro, eller som afviser at angre til trods for uroen i deres hjerter. Da det ikke er let for en hel menighed at give et lydefrit offer, har Gud vist sin medlidenhed på dette område. Selv om nogle få mennesker ikke er i stand til at give offergaver af hjertets grund, vil Gud tage imod offergaven og tilgive, hvis de fleste af menighedens medlemmer angrer og omvender sig.

Det kan ikke lade sig gøre at alle medlemmer af menigheden lægger hænderne på offerdyrets hoved, så det er menighedens ældste, som gør det på hele menighedens vegne, når syndofferet gives til Gud.

Resten af proceduren er identisk med præsternes syndoffer: Præsten skal dyppe fingeren i offerdyrets blod, stænke det syv gange på helligdommens forhæng, stryge blod på røgelsesalterets horn og brænde resten af dyret udenfor lejren. Den åndelige betydning af disse procedurer er, at man skal omvende sig fuldkommen fra synden. Vi må give offeret med angrende bøn i Jesu Kristi navn og ved Helligåndens gerning i Guds helligdom, sådan at angeren bliver modtaget formelt. Når hele menigheden har angret med fælles indstilling på denne måde, bør synden aldrig blive gentaget.

4. En fyrstes syndoffer

I Tredje Mosebog 4:22-24 læser vi:

> *"Er det en fyrste, der synder og uforsætligt overtræder et af Herren hans Guds bud, som ikke må overtrædes, og pådrager sig skyld, og han så får at vide, at han har begået en synd, skal han som sin gave bringe en lydefri gedebuk. Han skal lægge sin hånd på bukkens hoved og slagte den på det sted,*

*hvor man slagter brændofferdyret for Herrens ansigt.
Det er et syndoffer".*

Selv om fyrsterne rangerer lavere end præsterne, har de en stilling, hvor de skal vejlede folk og de har en højere position end almindelige mennesker. Derfor skal fyrsterne ofre gedebukke til Gud. Det er et mindre offer en præsternes, men større end de geder, som almindelige mennesker skal bruge som syndoffer.

I nutidige termer er "fyrsterne" indenfor menigheden cellelederne eller søndagsskolelærerne. Der er tale om de leder, som har stillinger, hvor de skal vejlede de øvrige medlemmer af kirken. Til forskel fra lægmedlemmer eller nye troende er de blevet pålagt en opgave af Gud, og dermed må de udvise større anger overfor Gud, hvis de begår en synd.

Tidligere skulle fyrsten lægge sin hånd på den lydefri gedebuks hoved, og derved pålægge geden sin synd og dræbe den foran Gud. Fyrsten blev tilgivet, når præsten dyppede fingeren i offerdyrets blod, strøg blodet på brændofferalterets horn, og hældte resten af blodet ud ved brændofferalterets sokkel. Ligesom med måltidsofferet skulle også syndofferets fedt brændes på alterets ild.

Til forskel fra præsten skal fyrsten ikke stænke offerdyrets blod syv gange på helligdommens forhæng. Gud tager imod hans anger, når han viser den ved at stryge blodet på brændofferalterets horn. Det skyldes, at der er forskel på målet af tro, alt efter om man er præst eller fyrste. Da præsten aldrig mere måtte synde, når han havde angret, skulle han stænke blodet syv gange på forhænget, idet syv er tallet for fuldkommenhed i åndelig forstand.

En fyrste kan derimod uforsætligt komme til at synde igen, og derfor befales han ikke at stænke blod på forhænget syv gange. Dette er et tegn på Guds kærlighed og medlidenhed, for han vil, at vi hver især skal angre i overensstemmelse med vores mål af tro. Indtil videre har vi i dette afsnit omtalt "præster" som pastorer og "fyrster" som medarbejdere i lederstillinger. Men disse henvisninger er ikke begrænset til de gudgivne pligter indenfor menigheden; de henviser også til målet af tro hos den enkelte troende.

En pastor skal være helliget af troen og har derefter fået det ansvar at lede en flok af troende. Det er helt naturligt at niveauet af tro hos et menneske, som har en vejledende rolle, såsom en celleleder eller søndagsskolelærer, skal være anderledes end niveauet hos en almindelig troende, selv om vejlederen måske endnu ikke er blevet fuldkommen hellig. Da niveauet af tro er forskelligt fra pastor til leder og fra leder til almindelig troende, er syndens betydning og det niveau af anger, som Gud ønsker at se, også forskelligt selv om de måske alle begår den samme synd.

Det betyder ikke, at de troende kan tillade sig at tænke: "Da min tro endnu ikke er fuldkommen, vil Gud sikkert give mig endnu en chance, hvis jeg synder igen". Man kan ikke angre med denne indstilling. Guds tilgivelse gennem anger vil ikke finde sted, hvis et menneske synder overlagt, men kun hvis nogen synder uforsætligt og senere angrer, så snart han indser det. Når man har syndet og angret, vil Gud desuden kun tage imod angeren, hvis man gennem indtrængende bøn har gjort sig store anstrengelser for ikke at begå den samme synd igen.

5. Almindelige menneskers syndoffer

"Almindelige mennesker" er mennesker med ringe tro, eller almindelige medlemmer af kirken. Når almindelige mennesker synder, gør de det på grund af deres ringe tro, og vægten af deres synder er derfor mindre en pastorens eller lederens. Et almindeligt menneske skal give en lydefri ged til Gud som syndoffer, hvilket er en mindre gave end en gedebuk. Ligesom det var tilfældet med præsten og lederens syndoffer, skal præsten dyppe fingeren i blodet fra offerdyret, stryge det på brændalterets horn og hælde resten ud ved alterets sokkel.

Det er sandsynligt, at almindelige mennesker vil synde igen på et senere tidspunkt på grund af deres ringe tro, men hvis de angrer og beslutter sig for ikke at synde, vil Gud vise medlidenhed og tilgive dem. Ud fra Guds befalinger om offeret af geden kan vi desuden se, at de synder, der begås på dette niveau, bliver tilgivet lettere end de synder, der kræver en gedebuk eller en tyrekalv som offer. Det betyder ikke, at Gud tillader en moderat anger; man skal give sin offergave til Gud med sand anger og beslutte sig for aldrig mere at synde.

Når et menneske med ringe tro indser sine synder og angrer dem, vil syndernes frekvens reduceres fra 10 til fire eller tre, og til sidst vil han skille sig helt af med dem, hvis han anstrenger sig for det. Gud modtager den anger, som ledsages af angerens frugt. Men han vil ikke modtage anger selv fra en ny i troen, hvis den kun kun udtales med læberne og ikke indbefatter hjertets omvendelse.

Gud vil glæde sig og elske en ny i troen, som straks angrer sine synder, når han indser dem, og flittigt skiller sig af med dem. Man skal ikke bare sige til sig selv: "Dette her er målet af min tro, så det er nok for mig" på forskellige områder af livet i Kristus såsom bøn, tilbedelse og anger. Når man stræber efter at overskride sine egne evner, vil man opnå en overflod af kærlighed og velsignelser fra Gud.

Hvis folk ikke havde råd til at give en ged, og derfor gav et lam, skulle der være tale om et lydefrit hundyr (Tredje Mosebog 4:32). Den fattige skulle give to turtelduer eller to dueunger, og hvis han ikke engang havde råd til det, skulle han give en lille smule fint mel (Tredje Mosebog 5:7; 11). Retfærdighedens Gud modtog på denne måde forskellige ofre alt efter den enkeltes mål af tro.

Vi har indtil nu diskuteret, hvordan man opnår soning og fred med Gud ved at undersøge de syndofre, som gives til ham af menneske med forskellig rang og forskellige pligter. Jeg håber, læserne vil opnå fred med Gud ved altid at ransage deres gudgivne pligter og tro, samt angre deres synder grundigt, når som helst syndens mur skiller dem fra Gud.

Kapitel 7

Skyldofferet

"Når nogen i troløshed, men uforsætligt,
forsynder sig mod Herrens helliggaver,
skal han bringe sit skyldoffer til Herren;
det skal være en lydefri vædder fra småkvæget som skyldoffer,
takseret i sølvsekel efter helligdommens vægt".

Tredje Mosebog 5:15

1. Skyldofferets betydning

Et skyldoffer gives til Gud som erstatning for den synd, man har begået. Når gudelige menneske synder overfor ham, må de give ham et skyldoffer og angre overfor ham. Alt efter syndens art skal det menneske, som har syndet, dog ikke kun omvende hjertet fra de syndefulde veje, men også tage ansvar for sine overtrædelser.

Hvis for eksempel et menneske har lånt noget af en ven, men ved at uheld er kommet til at ødelægge det, så kan vedkommende ikke bare sige: "Det er jeg ked af". Han skal ikke kun undskylde sig, men også erstatte vennens tab. Hvis vedkommende ikke er i stand til at erstatte den ting, han har ødelagt, må han betale vennen et beløb, som svarer til tabet. Dette er sand anger.

Skyldofferet repræsenterer, at man skaber fred ved at tage ansvar for sine overtrædelser. Det samme gælder, når man angrer overfor Gud. Ligesom vi skal gøre gengæld for den skade, vi har udsat vore brødre og søstre i Kristus for, må vi vise Gud, at vi for alvor angrer, hvis vi har syndet imod ham, sådan at vores anger er fuldkommen.

2. Omstændigheder og metoder til at give skyldofre

1) Når man bærer falsk vidnesbyrd.

I Tredje Mosebog 5:1 står der: *"Når nogen synder ved ikke at fortælle, hvad han har set eller erfaret, skønt han er indkaldt som vidne og har hørt besværgelsen, skal han bære sin straf".* Til tider bærer folk falsk vidnesbyrd, selv om de har svoret, at de vil sige sandheden, fordi deres egne interesser er i fare.

Prøv for eksempel at forestille dig, at dit barn havde begået en forbrydelse, og et uskyldigt menneske var blevet beskyldt for den. Ville du være i stand til at sige sandheden, hvis du skulle vidne? Hvis man tier stille for at beskytte sit barn, vil man dermed skade andre. Almindelige mennesker kender måske ikke sandheden, men Gud ser alt. Så et vidne må fortælle præcist om det, vedkommende har set eller hørt, for at sikre en retfærdig retssag, hvor ingen vil lide på uretfærdig vis.

Det samme gælder i vores hverdagsliv. Mange mennesker er ikke i stand til korrekt at viderebringe det, de har set og hørt, og på grund af deres egne vurderinger formidler de oplysninger ukorrekt. Nogle mennesker giver falske vidnesbyrd ved at opfinde historier om noget, de rent faktisk ikke har set. På grund af disse falske vidnesbyrd kan uskyldige menneske blive beskyldt for forbrydelser, de ikke har begået, og derved lide på uretfærdig vis. Som vi ser i Jakobsbrevet 4:17: *"Den, der altså ved, hvad der er det rette, men ikke gør det, er en synder".* Guds børn, som kender sandheden, må bruge den til at skelne og give korrekte vidnesbyrd, sådan at de ikke giver andre mennesker vanskeligheder eller påfører dem skade.

Hvis godheden og sandheden har taget bolig i vores hjerter, vil vi altid sige sandheden om hvad som helst. Vi vil ikke tale ondt om nogen eller bebrejde dem, fordreje sandheden eller give irrelevante svar. Hvis nogen har skadet andre ved at undlade at sige det, der skal siges, eller ved at bære falske vidnesbyrd, skal han give et skyldoffer til Gud.

2) Når man rører ved noget urent.

Vi læser i Tredje Mosebog 5:2-3:

> *Eller rører nogen ved noget urent, enten ved ådslet af et urent vildt dyr eller ved ådslet af et urent husdyr eller ved ådslet af et urent kryb, og det sker uafvidende, bliver han uren og har pådraget sig skyld. Eller når nogen rører ved urenhed hos et menneske, al slags urenhed som man bliver uren ved, og det sker uafvidende, og han bliver klar over det, har han pådraget sig skyld.*

"Noget urent" henviser her i åndelig betydning til al usand adfærd, som er i modstrid med sandheden. Denne adfærd indbefatter alt, hvad man har set, hørt og talt, samt alle de ting, man har mærket med kroppen og hjertet. Der er ting, som vi ikke har anset for syndefulde, før vi lærte sandheden at kende. Men når vi er kommet ind i sandheden, begynder vi at anse disse ting for at være upassende i Guds øjne. For eksempel kan vi have set vold og pornografi, men vi har måske ikke indset, at der var tale om urene ting, før vi lærte Gud at kende. Efter vi har begyndt vores liv i Kristus, har vi dog indset, at disse ting er i modstrid med sandheden. Når vi indser,, at vi har gjort ting, som er urene i forhold til sandheden, må vi angre og give skyldoffer til Gud.

Selv i vores liv i Kristus er der tidspunkter, hvor vi uden at ville det ser eller hører onde ting. Det ville være godt, hvis vi kunne vogte vores hjerter selv i disse tilfælde. Men da det er muligt, at en troende måske ikke vil være i stand til at vogte sit hjerte, og i stedet acceptere de følelser, som ledsager de urene ting, skal han straks angre, når han indser sin synd, og givet et skyldoffer til Gud.

3) Når nogen sværger uoverlagt.

I Tredje Mosebog 5:4 står der: *"Eller når nogen uoverlagt sværger på at gøre noget, godt eller ondt, i alle de tilfælde, hvor et menneske sværger uoverlagt, og det sker uafvidende, og han bliver klar over det, har han i ethvert tilfælde pådraget sig skyld".* Gud har forbudt os at sværge på at gøre "godt eller ondt".

Så hvorfor forbyder Gud os at sværge, love eller tage i ed? Det er helt naturligt, at Gud forbyder os at sværge på at gøre ondt, men han forbyder os også at sværge på at gøre godt. Det skyldes, at mennesket ikke er i stand til fuldt ud af holde det, han lover (Matthæusevangeliet 5:33-37; Jakobsbrevet 5:12). Indtil mennesket bliver fuldkommen ved sandheden, kan dets hjerte vakle alt efter egen vinding og egne følelser, sådan at man ikke holdet det, man har lovet. Desuden er der tidspunkter, hvor den fjendtlige djævel og Satan blander sig i de troendes liv og afholder dem fra at gøre det, de har lovet, sådan at det bliver muligt at anklage dem. Lad os se på et eksempel. Hvis nogen siger: "Jeg vil gøre dette imorgen", men så pludselig dør, hvordan kan han så holde sit løfte?

Derfor må man aldrig sværge på at gøre hverken godt eller ondt, og i stedet for at sværge skal man bede til Gud og søge styrke. Hvis for eksempel et menneske beslutter sig for at bede uden ophør, så skal han ikke love: "Jeg vil komme til det natlig bedemøde hver dag". I stedet skal han bede og sige: "Gud, hjælp mig med at bede uden ophør og beskyt mig fra den fjendtlige djævel og Satans indblanding". Hvis man sværger uoverlagt, skal man angre og give Gud et skyldoffer.

Hvis nogen pådrager sig skyld i et af de ovenstående tilfælde, skal han *"bringe sit skyldoffer til Herren for den synd, han har begået, et hundyr fra småkvæget, enten får eller ged, som syndoffer. På den måde skaffer præsten ham soning for hans synd"* (Tredje Mosebog 5:6).

Der gives her en befaling om at give syndoffer, sammen med en forklaring på, hvad offeret skal være. Det skyldes, at for de synder, hvor der gives skyldoffer, må der også gives syndoffer. Et syndoffer er, som tidligere forklaret, at angre overfor Gud når man synder, og at omvende sig fuldkommen fra synden. Men som det også er blevet forklaret, foretager man desuden et skyldoffer, når synden ikke kun kræver, at man omvender sit hjerte fra de syndefulde veje, men også at man tager ansvar for synden og betaler det tab eller den skade, som man har forvoldt.

Under disse omstændigheder må vedkommende ikke kun betale erstatning, men også give et skyldoffer til Gud, som skal ledsages af et syndoffer, idet han også skal angre overfor Gud. Selv om personen har gjort noget forkert overfor et andet menneske, skal han også angre overfor sin himmelske Fader, idet han har begået en synd, som han ikke burde have begået som Guds barn.

Lad os forestille os, at et menneske har bedraget sin søster og taget noget, som tilhører hende. Hvis han ønsker at angre, må han først sønderrive sit hjerte i anger overfor Gud og skille sig af med grådighed og bedrag. Så skal han opnå sin søsters tilgivelse, for det er hende, han har gjort ondt. Derefter skal han ikke alene undskylde med munden, men også give erstatning for det tab, søsteren har lidt på grund af hans gerninger. Vedkommendes "syndoffer" er at omvende sig fra sine syndefulde veje og angre overfor Gud, og hans "skyldoffer" er at angre ved at søge søsterens tilgivelse og erstatte hendes tab.

I Tredje Mosebog 5:6 befaler Gud, at det syndoffer, som ledsager et skyldoffer, skal være et hundyr, enten får eller ged. I de følgende vers ser vi, at enhver, som ikke har råd til et får eller en ged, kan ofre to turtelduer eller to dueunger som skyldoffer. Da der er tale om to fugle, gives den ene som syndoffer og den anden som brændoffer.

Hvorfor har Gud befalet, at der skal gives et brændoffer samtidig med et syndoffer af to turtelduer eller to dueunger? Brændofferet står for at holde søgnedagen hellig. Den åndelige gudstjeneste er en gave, der gives til Gud om søndagen. Derfor er offeret af to turtelduer eller to dueunger som syndoffer og brændoffer tegn på, at personens anger bliver fuldkommen ved at Herrens dag holdes hellige. Den fuldkomne anger drejer sig ikke kun om anger i det øjeblik, man indser, at man har syndet, men også bekendelsen af synd og angeren i Guds helligdom på Herrens dag.

Hvis et menneske er så fattigt, at han ikke engang er i stand til at ofre to turtelduer eller to dueunger, så må han give Gud en tiendedel efa fint mel som offer (en efa svarer til ca. 22 liter). Syndofferet skal normalt være et dyr, da offeret skal føre til tilgivelse. Men Gud har i sin nåde tilladt de fattige, som ikke er i stand til at ofre et dyr, at de i stedet kan ofre mel med henblik på syndernes tilgivelse.

Der er forskel på et syndoffer af mel og et afgrødeoffer af mel. Til afgrødeofferet tilsættes olie og røgelse for at give det endnu større vellugt og få det til at tage sig pænere ud, men til syndofferet tilsættes ikke noget. Hvorfor er det sådan? Den handling at sætte ild til soningsofferet har samme betydning som at sætte ild til synden.

Hverken at tilsætte olie eller røgelse til melet fortæller os rent åndeligt om den indstilling, et menneske bør have, når det træder frem for Gud for at angre. I Første Kongebog 21:27 står der, at da kong Akab angrede for Gud, *"flængede han sine klæder og tog sæk på kroppen og gav sig til at faste; han sov i sin sæk, og han gik nedtrykt omkring"*. Når man sønderriver sit hjerte i anger, skal man opføre sig passende, udvise selvkontrol og ydmyge sig. Man vil være påpasselig med, hvad man siger, og hvordan man opfører sig, og demonstrere overfor Gud, at man forsøger at leve et restringeret liv.

4) Når nogen forsynder sig mod Herrens helliggaver eller er skyld i en landsmands tab.

I Tredje Mosebog 5:15-16 læser vi:

> *Når nogen i troløshed, men uforsætligt, forsynder sig mod Herrens helliggaver, skal han bringe sit skyldoffer til Herren; det skal være en lydefri vædder fra småkvæget som skyldoffer, takseret i sølvsekel efter helligdommens vægt. Det af helliggaverne, han har forsyndet sig mod, skal han erstatte med tillæg af en femtedel; han skal give det til præsten, og præsten skal skaffe ham soning med skyldoffervædderen, så han får tilgivelse.*

"Herrens helliggaver" henviser til Guds helligdom eller de ting, der er i den. Ikke engang en pastor eller den person, som har givet offeret, kan tage, bruge eller sælge de ting, som er blevet givet til Gud, og som derfor bærer Guds navn.

Intet verdsligt eller usandt ord skal siges i helligdommen. De troende, som er forældre, må opdrage deres børn ordentligt, så de ikke løber og leger; larmer på distraherende måder; sviner eller roder til; eller kommer til at ødelægge helliggaverne i helligdommen.

Hvis Guds helliggave ødelægges ved et uheld, må det menneske, som har ødelagt den, erstatte den med en tilsvarende, der er bedre, lydefri og mere fuldkommen. Desuden skal erstatningen ikke svare til værdien af den ting, der er blevet ødelagt, men derimod lægge en femtedel af værdien oveni. Det har Gud befalet for at minde os om, at vi skal opføre os ordentligt og udvise selvkontrol. Når som helst, vi kommer i kontakt med helliggaverne, skal vi udvise forsigtighed og tilbageholdenhed, sådan at vi ikke misbruger eller skader noget, der er Guds. Hvis vi ødelægger noget på grund af manglende påpasselighed, skal vi angre af hjertets grund og sørge for at erstatte tingen med noget af større værdi.

I Tredje Mosebog 5:21-22 står der, hvordan man søger tilgivelse, hvis man *"lyver for sin landsmand om noget, der er forvaret eller betroet, eller noget, der er røvet, eller han har udplyndrer sin landsmand"* eller hvis man "finder en tabt ting og lyver om det, eller han sværger falsk". Der er tale om metoden til at angre de overtrædelser, der er begået, før man begyndte at tro på Gud, og at angre og få tilgivelse, når man indser, at man uforsætligt har taget noget, som tilhører en anden.

For at sone sådanne synder skal man tilbagelevere tingen til den oprindelige ejer, og desuden lægge en femtedel af værdien oveni. En "femtedel" betyder ikke nødvendigvis kun den del, der er fastsat rent økonomisk. Det betyder også, at når man demonstrerer sin anger i handling, så skal det komme af hjertets grund. Og så vil Gud tilgive synderne. For eksempel er der tidspunkter, hvor det ikke er muligt at en person opgør alle fortidens overtrædelser og erstatter dem præcist. I disse tilfælde skal man bare flittigt udvise angerens handlinger fremover. Med de penge, vedkommende har tjent på sit arbejde, kan han flittigt give til Guds rige og yde økonomisk hjælp til de nødlidende.

Når han samler til bunke af sådanne gerninger i anger, vil Gud anerkende hans hjerte og tilgive ham hans synder.

Husk på, at angeren er den vigtigste ingrediens i både skyldofferet og syndofferet. Gud ønsker ikke en opfedet tyrekalv af os, men en brødebetynget ånd (Salmernes Bog 51:17). Derfor må vi angre synderne og ondskaben af hjertets grund og bære frugt i overensstemmelse dermed. Jeg håber, du vil tilbede Gud og give offergaver på en måde, som glæder ham; at du vil leve et helligt liv, som behager ham; og at du altid vil vandre midt i en overflod af hans kærlighed og velsignelser.

Kapitel 8

Bring jeres legemer som et levende og helligt offer

"Så formaner jeg jer, brødre, ved Guds barmhjertighed,
til at bringe jeres legemer som et levende og helligt offer,
der er Gud til velbehag –
det skal være jeres åndelige gudstjeneste".

Romerbrevet 12:1

1. Salomons tusind brændofre og velsignelser

Salomon besteg tronen som 20årig. Han var fra helt ung blevet uddannet i troen af profeten Natan, elskede Gud og overholdt sin far, kong Davids, love. Da Salomon tog tronen, gav han Gud tusind brændofre.

Det er bestemt ikke let at gennemføre tusind brændofre. På gammeltestamentlig tid var der mange restriktioner angående stedet, tidspunktet, ofrenes indhold og den metode, der skulle bruges til at ofre. Desuden ville det af kong Salomon kræve mere plads end af almindelige menneske, for der var mange, som ledsagede ham og der skulle foretages flere ofre. I Anden Krønikebog 1:2-3 står der: *"Salomo talte til hele Israel, til tusindførerne, hundredeførerne, dommerne og alle høvdingene i hele Israel, overhovederne for fædrehusene. Så gik Salomo sammen med hele forsamlingen til offerhøjen i Gibeon, for dér stod Guds Åbenbaringstelt, som Herrens tjener Moses havde lavet i ørkenen".* Salomon tog til Gibeon, fordi Guds Åbenbaringstelt, som Moses havde lavet i ørkenen, stod dér.

Sammen med hele forsamlingen tog Salomon hen til Åbenbaringsteltets bronzealter og gav tusind brændofre for Herrens ansigt. Som det tidligere er blevet forklaret, er et brændoffer en gave til Gud, som indeholder den duft, der stiger til vejrs, når offerdyret brændes. Livet selv ofres til Gud som tegn på fuldkommen offervillighed og hengivenhed.

Samme nat viste Gud sig for Salomon i en drøm og sagde til

ham: *"Sig, hvad jeg skal give dig"* (Anden Krønikebog 1:7). Salomon svarede:

> *"Du har vist min far David stor godhed, og du har gjort mig til konge efter ham. Gud Herre, lad nu dit løfte til min far David stå fast, for du har gjort mig til konge over et folk så talrigt som jordens støv. Giv mig derfor visdom og forstand, så jeg kan føre dette folk ud og hjem igen; for hvem kan herske over dit folk, som er så stort?"* (Anden Krønikebog 1:8-10).

Salomon bad ikke om rigdom, velstand, ære, sine fjenders liv eller langt liv til sig selv. Han bad kun om visdom og forstand til at regere folket godt. Gud glædede sig over Salomons svar og gav kongen både den visdom og forstand, han havde bedt om, og der ud over rigdom, velstand og ære, selv om han ikke havde bedt om det.

Gud sagde til Salomon: *"Så skal du få visdom og forstand. Men jeg vil også give dig rigdom og formue og ære, så meget som ingen konger tidligere har haft, og ingen siden hen skal få"* (vers 12).

Når vi giver Gud en åndelig gudstjeneste på en måde, som behager ham, vil han til gengæld velsigne os på alle områder, sådan at vi kan have fremgang, nyde et godt helbred og vores sjæl vil trives.

2. Fra tabernaklets til templets tid

Da kong David, Salomons far, havde samlet riget og skabt stabilitet, var der stadig en ting, som bekymrede ham: Guds tempel var endnu ikke blevet bygget. David var utilfreds med, at Guds ark befandt sig i et telt med teltdug, mens han selv boede i et palads af cedertræ, så han besluttede sig for at bygge et tempel. Men det tillod Gud ham ikke, for David havde udgydt meget blod på slagmarken, så han var ikke den rette til at bygge Guds hellige tempel.

> *Men Guds ord kom til mig; han sagde: "Meget blod har du udgydt, og store krige har du ført. Du skal ikke bygge et hus for mit navn, fordi du har udgydt meget blod på jorden for mine øjne"* (Første Krønikebog 22:8).

> *Men Gud sagde til mig: "Du skal ikke bygge et hus for mit navn, for du er kriger og har udgydt blod"* (Første Krønikebog 28:3).

Selv om kong David ikke var i stand til at fuldføre sin drøm om at bygge templet, så adlød han Guds ord i taknemmelighed. Han samlede guld, sølv, bronze, ædelsten og cedertræ, alle de nødvendige materialer, sådan at den næste konge, hans søn Salomon, kunne bygge templet.

Det fjerde år, Salomon sad på tronen, lovede han at

gennemføre Guds vilje og bygge templet. Han gik i gang med byggearbejdet på Morijas bjerg i Jerusalem, og blev færdig med det på syv år. Firehundredeogfirs år efter at israelitterne have forladt Egypten, blev Guds tempel færdigt. Salomon fik vidnesbyrdets ark (pagtens ark) og alle de andre hellige ting bragt ind i templet.

Da præsterne bragte vidnesbyrdets ark ind i det Allerhelligste, fyldte Guds herlighed huset. *"Præsterne kunne ikke forrette tjenesten på grund af skyen, fordi Herrens herlighed fyldte Herrens tempel"* (Første Kongebog 8:11). Dermed endte tabernaklets tid, og templets tid begyndte.

I den bøn, hvor Salomon giver templet til Gud, bønfalder han ham om at tilgive folket, når de vender sig mod templet i oprigtig bøn, efter, at de er blevet ramt af trængsler på grund af deres synder.

> *Hør din tjeners og dit folk Israels bønfaldelse, når de beder vendt mod dette sted, hør den i himlen, hvor du bor, hør og tilgiv!* (Første Kongebog 8:30).

Kong Salomon var klar over, at opførelsen af templet havde behaget Gud og havde været en velsignelse, så han bønfaldt frimodigt Gud på folkets vegne. Da Gud hørte kongens bøn, svarede han:

> *Jeg har hørt din bøn og bønfaldelse for mit ansigt,*

og jeg har helliget dette hus, som du har bygget, til at sætte mit navn på for evigt; mine øjne og mit hjerte skal altid være dér (Første Kongebog 9:3).

Så når nogen i dag tilbeder Gud af hjerte og sind og med yderste oprigtighed i en helligdom, hvor Gud har bolig, vil Gud møde ham og svare på hans hjertes bøn.

3. Kødelig og åndelig gudstjeneste

Vi ved fra Bibelen, at der er nogle former for tilbedelse, som Gud ikke tager imod. Alt efter hvilket hjerte, man har, når man tilbeder, vil der være forskellige udfald. Gud tager imod den åndelige gudstjeneste, men afviser den kødelige.

Adam og Eva var blevet uddrevet af Edens have på grund af deres ulydighed. I Første Mosebog 4 læser vi om deres to sønner, den ældste Kain og den yngre Abel. Da de blev voksne, bragte de hver deres offergave til Gud. Kain var bonde, og gav *"jordens afgrøde"* (vers 3), mens Abel gav *"fedtstykkerne af sit småkvægs førstefødte"* (vers 4). Gud *"tog imod Abels offergave, men Kains offergave tog han ikke imod"* (vers 4-5).

Hvorfor tog Gud ikke imod Kains offergave? I Hebræerbrevet 9:22 ser vi, at ofrene til Gud må være ofre af blod, hvis der skal finde tilgivelse sted i overensstemmelse med loven i det åndelige rige. Derfor blev der givet dyreofre såsom tyre eller får på gammeltestamentlig tid, mens Jesus, Guds lam, blev sonoffer ved at udgyde sit blod i nytestamentlig tid.

I Hebræerbrevet 11:4 står der: *"I tro frembar Abel Gud et rigere offer end Kain, og derved blev det bevidnet, at han var retfærdig; det vidnesbyrd gav Gud ham for hans offergaver, og i kraft af troen taler han endnu, skønt han er død"*. Med andre ord tog Gud imod Abels offer, fordi han havde givet Gud et offer af blod i overensstemmelse med Guds vilje, mens Kains offer blev afvist, fordi det ikke var blevet givet ifølge Guds vilje.

I Tredje Mosebog 10:1-2 læser vi om Nadab og Abihu, som *"frembar en uhellig ild for Herrens ansigt, og det havde han forbudt dem"*. Derefter slog en ild ud "fra Herren" og fortærede dem. Vi læser også i Første Samuelsbog 13, at Guds forsagede kong Saul, efter at konge havde begået den synd at udføre profeten Samuels pligt. Som forberedelse til et slag mod filistrene gav kong Saul et offer til Gud, da profeten Samuel ikke kom indenfor den fastsatte tid. Da Samuel endelig kom, havde Saul foretaget offeret, og undskyldte sig overfor profeten, med at han havde været nødt til at gøre det, idet folket forlod ham og spredtes. Samuel svarede: "Du har båret dig tåbeligt ad!" og fortalte Saul, at Gud havde forsaget ham.

I Malakias' Bog 1:6-10 irettesætter Gud israelitterne for ikke at have givet Gud det bedste, de kunne tilbyde, men i stedet havde ofret ting, der var nyttesløse for dem. Gud tilføjer, at han ikke vil modtage denne form for tilbedelse, som måske nok følger de religiøse formaliteter, men mangler den rette indstilling hos folket. I nutidige termer vil det sige, at Gud ikke tager imod en kødelig gudstjeneste.

I Johannesevangeliet 4:23-24 står der, at Gud med glæde modtager den åndelige gudstjeneste, som folk giver i ånd og sandhed, og at han velsigner de mennesker, som opnår retfærdighed, nåde og trofasthed. I Matthæusevangeliet 15:7-9 og 23:13-18 læser vi, at Jesus alvorligt irettesatte farisæerne og de skriftkloge, som strengt fulgte de ældstes traditioner, men som ikke tilbad Gud i sandhed. Gud tager ikke imod den tilbedelse, som folk udfører på tilfældig vis.

Tilbedelsen må gennemføres i overensstemmelse med de principper, som Gud har fastlagt. Dermed adskiller kristendommen sig fra andre religioner, hvor folk udformer tilbedelsen, så den tilfredsstiller deres egne behov eller på en måde, som de selv kan lide. Den kødelige gudstjeneste, hvor individet kommer hen i kirken og deltager i gudstjenesten som en ydre handling, er meningsløs. Den åndelige gudstjeneste består af tilbedelse af hjertets grund og deltagelse i gudstjenesten i ånd og sandhed som Guds børn, der elsker deres himmelske fader. Så selv om to mennesker tilbeder på samme tid og sted, kan Gud tage imod den enes tilbedelse og afvise den andens, alt efter den enkeltes hjerte. Selv om folk kommer i kirke og tilbeder Gud, vil det ikke være til nogen nytte, hvis Gud siger: "Jeg tager ikke imod din tilbedelse".

4. Bring jeres legemer som et levende og helligt offer

Hvis formålet med vores eksistens er at forherlige Gud, så må tilbedelsen være fokus i vores liv, og vi må leve hvert øjeblik med en tilbedende indstilling. Det levende og hellige offer, som Gud tager imod, dvs. tilbedelse i ånd og sandhed, opnås ikke ved at deltage i søndagsgudstjenesten en gang om ugen, mens man lever efter forgodtbefindende fra mandag til lørdag. Vi er blevet kaldet til at tilbede Gud til enhver tid og på ethvert sted.

Det at deltage i gudstjenesten i kirken er en udvidelse af vores liv i tilbedelse. Tilbedelse, som er adskilt fra dagliglivet, er ikke sand, så de troendes liv må være liv i åndelig gudstjeneste, som ofres til Gud. Vi må ikke alene tilbyde en smuk gudstjeneste i kirken i overensstemmelse med de relevante procedurer og betydninger, men også leve hellige og rene liv i lydighed overfor Guds love i vores dagligdag.

I Romerbrevet 12:1 står der: *"Så formaner jeg jer, brødre, ved Guds barmhjertighed, til at bringe jeres legemer som et levende og helligt offer, der er Gud til behag – det skal være jeres åndelige gudstjeneste"*. Ligesom Jesus frelste menneskeheden ved at ofre sin krop, vil Gud, at vi skal give vores legemer som levende og hellige ofre.

Helligånden, som er ét med Gud, har både bolig i den synlige tempelbygning og i vores hjerter, og dermed er vi hver især Guds tempel (Første Korintherbrev 6:19-20).Vi skal fornys hver dag i sandheden og vogte os, sådan at vi kan blive hellige. Når ordet, bønnen og lovsigelsen er rigelige i vores hjerter, og når vi gør alt i vores liv med et hjerte, der tilbeder Gud, giver vi vores legeme som et levende og helligt offer, der glæder Gud.

Før jeg mødte Gud, var jeg ramt af sygdom. Jeg brugte mange dage i håbløs fortvivlelse. Da jeg havde været syg i syv år, havde jeg en stor gæld fra hospitals- og medicinregninger. Jeg var fattig. Men alt dette ændrede sig, da jeg mødte Gud. Han helbredte mig for alle mine sygdomme på et øjeblik, og jeg begyndte et nyt liv.

Jeg var overvældet af Guds nåde og begyndte at elske ham over alt andet. På Herrens dag vågnede jeg ved daggry, badede og tog rent undertøj på. Selv om jeg kun have haft f.eks. et par sokker på ganske kort tid dagen før, tog jeg altid rene på i kirken. Jeg tog også mit reneste og pæneste jakkesæt på.

Det betyder ikke, at de troende skal have moderne tøj på, når de går i kirke for at tilbede. Hvis en troende i sandhed tror og elsker Gud, er det naturligt for ham at forberede sig omhyggeligt, når han skal forherlige Gud. Selv om omstændighederne ikke tillader smart og dyrt tøj, kan alle og enhver have et ordentligt og velplejet ydre.

Jeg sikrer mig altid, at de penge, jeg ofrer, er nye sedler. Når som helst jeg får nye, pæne pengesedler, lægger jeg dem til side til offergaver. Og disse penge rører jeg ikke, selv om der er tale om et nødstilfælde. Vi ved, at selv på gammeltestamentlig tid var der forskellige niveauer alt efter den enkeltes omstændigheder, og de troende forberedte deres offer, før de tog hen til præsten.

Det instrueres vi direkte i af Gud i Anden Mosebog 34:20:
"Tomhændet må ingen se mit ansigt".

Jeg lærte af en vækkelsesprædikant altid at sørge for en offergave – stor eller lille - til hver eneste gudstjeneste. Selv da min kone og jeg knap kunne dække renterne af vores gæld med vores indkomst, gav vi offergave uden modvilje eller fortrydelse. Hvordan kunne vi have noget imod det, når vores offergaver blev brugt til at frelse sjæle og opnå Guds rige og retfærdighed?

Gud så vores hengivenhed, og da det rette tidspunkt kom, velsignede han os til at tilbagebetale gælden. Jeg begyndte at bede for, at han ville gøre mig til en god ældste i menigheden, som kunne give økonomisk hjælp til de fattige og se efter de forældreløse, enkerne og de syge. Men Gud kaldte mig helt uventet til at blive pastor, og førte mig til at danne en enormt stor kirke, som kunne frelse utallige sjæle. Selv om jeg ikke er blevet en af de ældste i kirken, kan jeg hjælpe mange mennesker og har fået Guds kraft, hvorved jeg kan helbrede de syge. Begge dele overgår langt det, jeg havde bedt om.

5. "Indtil Kristus har fået skikkelse i jer"

Når folk får børn, gør de velvilligt deres yderste for at sørge for dem. På samme måde kræver det hårdt arbejde, udholdenhed og offervilje at tage vare på sjælene og føre hver af dem til sandheden. Derfor siger apostelen Paulus i Galaterbrevet 4:19: *"Mine børn, som jeg igen må føde med smerte, indtil Kristus har fået skikkelse i jer".*

Jeg ved, at Gud anser hver eneste sjæl for at være mere dyrebar end alt andet i universet, og at han ønsker, at alle menneske skal opnå frelsen. Så jeg gør, hvad jeg kan for at lede hver eneste sjæl på vejen til frelse og til Ny Jerusalem. Jeg beder og prædiker i ethvert øjeblik og ved enhver lejlighed for at højne niveauet af tro hos kirkens medlemmer *"til at være et fuldvoksent menneske, en vækst, som kan rumme Kristi fylde"* (Efeserbrevet 4:13). Til tider ville jeg gerne have sat mig sammen med kirkens medlemmer for at nyde en hyggelig samtale, men da jeg som hyrde er ansvarlig for at føre flokken, udøver jeg selvkontrol på alle områder og udfører de pligter, som Gud har pålagt mig.

Jeg har to ønsker for de troende. For det første vil jeg gerne have, at de ikke kun opnår frelsen, men kommer til at bo i Ny Jerusalem, som er det herligste sted i Himlen. For det andet ønsker jeg, at de troende skal undslippe fattigdom og leve i velstand. Kirken oplever en stor vækkelse og vokser med hensyn til medlemstal, så der kommer også flere mennesker, der har brug for økonomisk hjælp og helbredelse. Sagt på en verdslig måde kan det være vanskeligt at se de enkelte medlemmers behov og handle derefter, når medlemstallet er så stort.

Jeg bærer en tung byrde, når de troende synder. Det skyldes, at jeg ved, at når som helst en troende synder, lægger han større afstand til Ny Jerusalem. I de ekstreme tilfælde vil han måske ikke engang være i stand til at blive frelst. De troende kan først få åndelig og fysisk helbredelse og svar, når de nedbryder muren af synd, som skiller dem fra Gud. Jeg klynger mig til Gud på vegne af de troende, som har syndet, men jeg har til tider ikke kunne sove; jeg har rystet, grædt og mistet en masse energi, og jeg har fastet og bedt et uendeligt antal timer og dage.

Gud har ved utallige lejligheder taget imod mine anstrengelser som offergave, og han har vist folk medlidenhed. Nogle af dem har slet ikke være frelsen værdige, men han har givet den angerens ånd, så de kunne angre og blive frelst. Desuden har Gud gjort frelsens døre bredere, sådan at utallige mennesker rundt om i verden har kunnet høre det hellige budskab og favne manifestationerne af hans kraft.

Det at se de mange troende, som vokser smukt i sandheden, er det mest tilfredsstillende for mig som pastor. På samme måde som den skyldfri Herre ofrede sig som en liflig duft for Gud (Efeserbrevet 5:2), forsøger jeg også at ofre alle aspekter af mit liv som et levende og helligt offer for Guds rige og sjæle.

Forældrene blive glade, når børnene ærer dem på mors og fars dag ("forældrenes dag" i Korea) som tegn på deres taknemmelighed. Selv om børnenes gaver måske ikke falder i forældrenes smag, vil de ikke desto mindre være glade for dem, fordi de er fra børnene. På samme måde vil vores himmelske fader glæde sig og velsigne os, når vi giver ham vores tilbedelse, som er blevet forberedt med store anstrengelser og i kærlighed.

Selvfølgelig skal de troende ikke leve på tilfældig vis i løbet af ugen og kun udvise deres hengivenhed om søndagen! Som Jesus siger i Lukasevangeliet 10:27, skal de troende elske Gud af hele deres hjerte, sjæl, styrke og sind, og de skal give sig selv som levende og hellige ofre hver eneste dag af deres liv. Gid alle læserne må tilbede Gud i ånd og sandhed, og give ham den liflige duft af deres hjerter, hvorved de vil opnå en overflod af velsignelser, som Gud har beredt til dem.

Forfatteren
Dr. Jaerock Lee

Dr. Jaerock Lee blev født i Muan, Jeonnam provinsen, i den koreanske republik i 1943. Da han var i tyverne, led han af en række uhelbredelige sygdomme syv år i træk, og ventede på døden uden håb om bedring. En dag i foråret 1974 tog hans søster ham dog med i kirke, og da han knælede for at bede, helbredte den Levende Gud straks alle hans sygdomme.

Fra det øjeblik, hvor Dr. Lee mødte den Levende Gud gennem denne vidunderlige oplevelse, elskede han Gud oprigtigt af hele sit hjerte, og i 1978 blev han kaldet som Guds tjener. Han bad indtrængende om klart at forstå og opfylde Guds vilje, og adlød alle Guds bud. I 1982 grundlagde han Manmin Centralkirke i Seoul, Korea, og siden da har utallige af Guds gerninger fundet sted i denne kirke, inklusiv mirakuløse helbredelser og undere.

I 1986 blev Dr. Lee ordineret som pastor ved den årlige forsamling for Jesu Sungkyul kirke i Korea, og fire år senere i 1990 begyndte hans prædikener at blive udsendt til Australien, Rusland, Filippinerne og mange andre steder gennem det Fjernøstlige Udsendelsesselskab, Asiatisk Udsendelsesstation og Washington Kristne Radio.

Tre år senere i 1993 blev Manmin Centralkirke placeret på Top 50 for kirker over hele verden af magasinet *Christian World* i USA, og Dr. Lee modtog et æresdoktorat i guddommelighed fra Fakulteter for Kristen Tro i Florida, USA, og i 1996 en Ph.D i præsteembede fra Kingsway Teologiske Seminar, Iowa, USA.

Siden 1993 har Dr. Lee været en førende person i verdensmissionen gennem mange oversøiske kampagner i USA, Tanzania, Argentina, Uganda, Japan, Pakistan, Kenya, Filippinerne, Honduras, Indien, Rusland, Tyskland, Peru, Congo, Israel, og Estland og i 2002 blev han kaldt en "verdensomspændende pastor" af en større kristen avis i Korea på grund af hans mange oversøiske kampagner.

Siden September, 2017 har Manmin Centralkirke været en menighed med mere end 130.000 medlemmer. Der er 11.000 inden og udenrigs søsterkirker over hele kloden, og der er indtil videre udsendt mere end 98 missionærer til 26 lande, inklusiv USA, Rusland, Tyskland, Canada, Japan, Kina, Frankrig, Indien, Kenya og mange flere.

Indtil nu har Dr. Lee skrevet 109 bøger, blandt andet bestsellerne *En Smagsprøve på Det Evige Liv før Døden; Mit Liv, Min Tro (I) & (II); Budskabet fra Korset; Målet af Tro; Himlen I & II; Helvede* og *Guds Kraft* og hans værker er blevet oversat til mere end 76 sprog.

Hans kristne artikler er udsendt i *Hankook Ilbo, JoongAng Daily, Dong-A Ilbo, Chosun Ilbo, Seoul Shinmun, Kyunghyang Shinmun, The Korea Economic Daily, Shisa News* og *The Christian Press*.

Dr. Lee er for øjeblikket leder af mange missionsorganisationer og foreninger, blandt andet bestyrelsesformand for Jesus Kristus Forenede Hellighedskirke, Grundlægger og bestyrelsesformand for det Globale Kristne Netværk (GCN), Grundlægger og Bestyrelsesformand for Verdensnetværket af Kristne Læger (WCDN) og Grundlægger og Bestyrelsesformand for Manmin Internationale Seminar (MIS).

Andre stærke bøger af samme forfatter

Himlen I & II

En detaljeret skitse af det prægtige liv som de himmelske borgere vil nyde, og en beskrivelse af forskellige niveauer af himmelske riger.

Budskabet fra Korset

En stærk vækkelsesbesked til alle menneske, som sover i spirituel forstand. I denne bog vil du se årsagen til, at Jesus er den eneste Frelser, og fornemme Guds sande kærlighed.

Helvede

En indtrængende besked til hele menneskeheden fra Gud, som ikke ønsker at en eneste sjæl skal falde i helvedes dyb! Du vil opdage en redegørelse, som aldrig før er blevet offentliggjort, over de barske realiteter i Hades og helvede.

Ånd, Sjæl og Krop I & II

Gennem en åndelig forståelse af ånd, sjæl og krop, som er menneskets komponenter, kan læserne få indblik i deres "selv" og opnå indsigt i selve livet. Denne bog viser læserne genvejen til at deltage i den guddommelige natur og få alle de velsignelser, som Gud har lovet.

Målet af Tro

Hvilken slags himmelsk bolig og hvilken slags krans og belønninger er blevet gjort klar i himlen? Denne bog giver visdom og vejledning til at måle sin tro, og kultivere den bedste og mest modne tro.

Vågn op, Israel

Hvorfor har Gud holdt øje med Israel fra verdens begyndelse indtil nu? Hvad er hans forsyn for de sidste dage for Israel, som venter på Messias?

Mit Liv, Min Tro I & II

En velduftende spirituel aroma, som er et ekstrakt af den uforlignelige kærlighed til Gud, som blomstrede op midt i mørke bølger, under det tungeste åg og i den dybeste fortvivlelse.

Guds Kraft

En essentiel vejledning, hvorved man kan opnå sand tro og opleve Guds forunderlige kraft. En bog, som må læses.

www.urimbooks.com

Praise for *Everyone's Going*

Mark Twain once noted that the difference between the almost right word and the right word is the difference between a lightning bug and lightning. George Northrup has a remarkable ability to use the right words to enlighten, enrich, and ennoble the reader. His beautiful poems are filled with abundant sensitivity, compassion, poignancy, and wisdom. Like lightning, *Everyone's Going* provides wonderful, often breathtaking, illumination.

Robert H. Deluty, Ph.D., Author,
Characters with Character and *The Matter of Families*

No armor can protect against the onslaught of emotions that batters the grieving heart. Leaning into mortality, Northrup vividly captures the helplessness and sorrow of living in a world where death inevitably intrudes. He makes full use of a personal lyric that allows us to join his journey with its pain, love, grief, and healing. Whether articulating Northrup's own grief or other voices suffering from the knowledge that *everyone's going*, these poems empathically draw us in again and again with his ability to construct lifeboats while traversing chaotic dark waters.

Tammy Nuzzo-Morgan, Ph.D., Author,
The Healing Power of Poetry: Living with the Death of a Child (2020)

George Northrup's riveting rumination on death and mortality takes the reader from the death of his father to the loss of women in his life, the universality of grief, and ultimately to the extinguishing of all life. A master wordsmith, he compresses worlds of anguish into sparing lines whose metaphors render bearable the tragic fate that awaits us all. Every death, Northrup suggests, is a mirror of our own mortality, as he interlaces beauty with sadness and despair, his attitude of acceptance offering a hopeful balm. This beautiful collection opens its arms to any reader seeking to transcend personal grief through poetry.

Steve Zeitlin, Ph.D., Founder and Co-director
City Lore, New York, NY

www.ingramcontent.com/pod-product-compliance
Lightning Source LLC
LaVergne TN
LVHW041605070526
838199LV00052B/2996